おもしろサイエンス

血圧の科学

毛利　博［著］

B&Tブックス
日刊工業新聞社

はじめに

私たちが日々の生活の中で、「血圧」を意識することは非常に少ないと思います。血圧は、どのようにして維持されているのか、血圧はどのくらいが正常なのか、高血圧・低血圧の定義はどのようなものかといった疑問があるのではないでしょうか。

血圧とは、心臓からでた血液が血管の中を流れるときに血管壁に加わる圧力のことをいいます。そして私たちの体が必要とする酸素や栄養素を全身に供給できるように、血液をくまなく循環させる役割を果たします。つまり血圧は、人間が生きていくうえで大切な役割を担っているのです。

しかし、現代人は、長寿命社会、ストレスの多い環境、生活習慣の悪化などにより、日々心臓・血管系を酷使しています。どのような劣悪な状況になっても体は黙々とやるべきことを頑張って行いますが、実は悲鳴をあげているのです。

年を重ねていくと、塩分の取りすぎなどから高血圧に、食生活の乱れから糖尿病や脂質異常症など、生活習慣病に罹患している人が大変多くなってきます。生活水準が低かったころには想像できなかった、俗にいう「贅沢病」がおきてきているのです。まさにこれは、潤沢すぎる食生活、運動不足などでおこり、最終的には肥満となってきます。

生活習慣病は、「死の四重奏」とよばれ、別名「サイレントキラー」ともいわれます。この名前の由来は、自覚症状がなく、病状が徐々に進んでいき、気がついたときには動脈硬化が進行してしまい、心筋梗塞や脳梗塞になる危険性が増大するからです。

さらには、生活が便利になったため体を動かすことが少なくなり、生活習慣病になる人が意外に多く、健康診断などで「血圧が高いですね。塩分を控えましょう」などと指摘され、びっくりして初めて「血圧」ということを意識した経験があるのではないでしょうか。

生活習慣を改めていけば、血圧はきちんと維持されていきます。血圧は高くても低くても問題です。血圧のことを正しく理解し、これからの生活を考えていくために本書が少しでも参考となれば幸いです。

毛利　博

２０１７年２月

目次

第1章 血圧のメカニズムを知ろう！

第2章 血圧は人間の身体を支えている

第3章 血圧を正しく測るのは結構難しい

第4章 血圧と血液はどのように関係しているのか

第5章 血圧をコントロールするには生活習慣病の克服が最優先です

第6章 高血圧で怖い動脈硬化をどう予防するか

Column

第1章

血圧のメカニズムを知ろう！

1 血圧は人間にとって大事なもの?

心臓は、安静にしている状況では1分間に70回程度左心室から全身に向けて血液を送り出します。この血液が流れる血管を動脈といいます。動脈は、心臓から出たときは一本ですが、末梢に向かうにしたがって枝分かれしていきます。

最終的には、毛細血管になり、この毛細血管は全身にはりめぐらされています。毛細血管から個々の細胞に酸素と栄養素を供給し、細胞は生きて活動しています。

当然、流れてくる血液の量が不足すると細胞は生命を維持できなくなり死滅してしまいます。それを防ぐために、細胞に流れてくる血液の量を調整するシステムが体には備わっており、血圧がその中心的役割を果たしています。

血圧は、心臓から血液を拍出する際の圧力と、血管の弾力性の有無により決まってきます。それ以外には、交感神経や副交感神経、ホルモンなどの影響もうけます。

心臓・血管という閉鎖的な回路のなかで、血圧は維持されているのです。この閉鎖的な回路が破綻すると、出血がおこります。動脈では、圧が高いので大出血という事態になり、適切な処置をおこなわなければ死に至ることもあります。

人の心臓は、2心房2心室で構成されています。心室は、収縮することにより血液を全身に拍出する器官です。心房はその心室の上流にあり、心室に入

血液の流れ

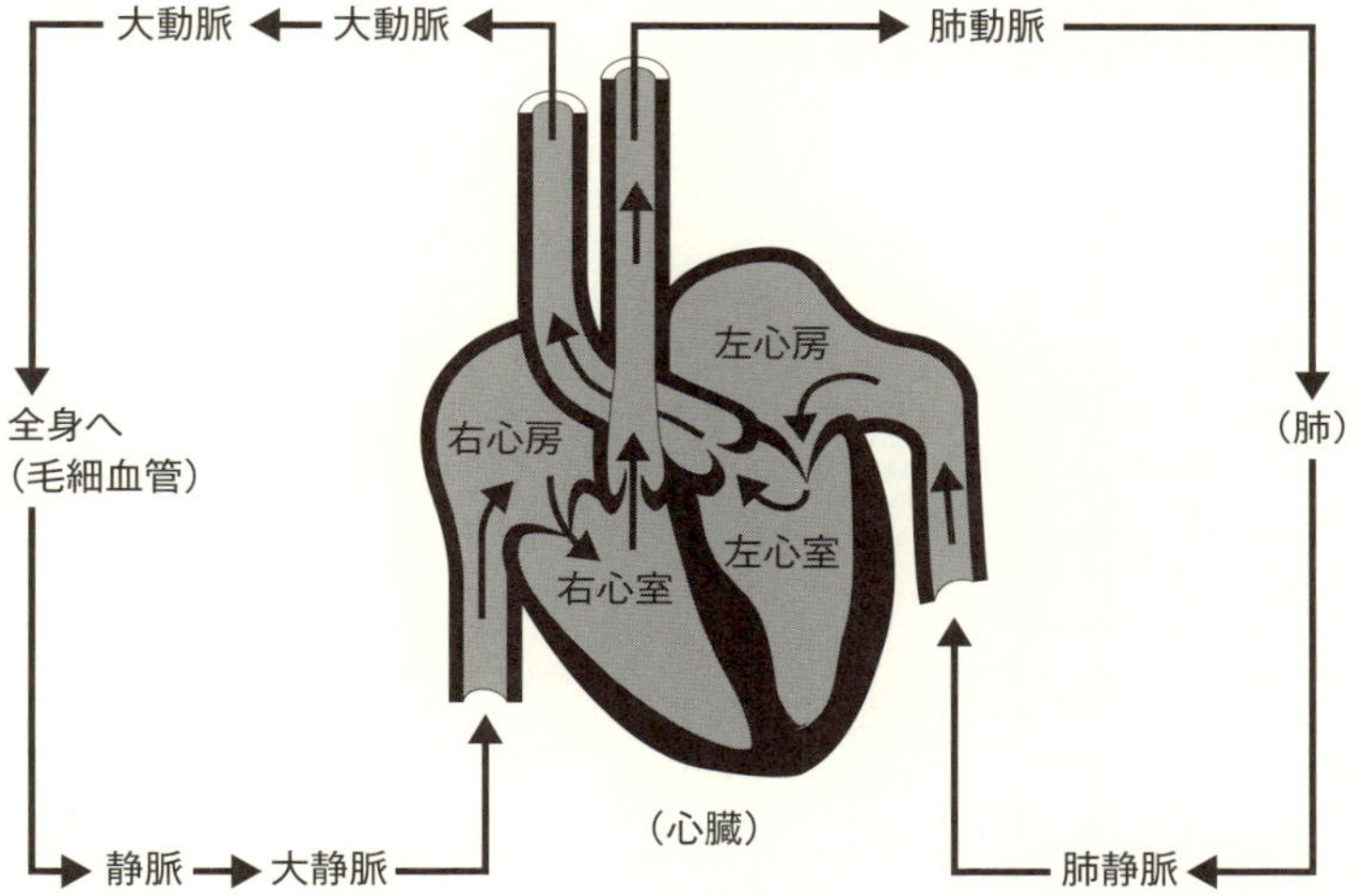

る前の血液を貯めて、心室に血液を送り出す器官です。

魚類では、１心房１心室、両生類や爬虫類は２心房１心室です。効率が悪いように思われるかもしれませんが、粘膜呼吸もできる両生類、爬虫類にとっては、あまり不自由がないのかもしれません。なお、両生類では心室は完全にひとつであるのに対し、爬虫類では心室を２つに分離する不完全な壁が存在し、進化の過程を示しています。これらの動物の体温は周りの環境に影響されるため、変温動物に分類されます。冬になると体温の維持ができず動きが鈍ってしまいます。

一方、哺乳類や鳥類では、２心房２心室の構造をもっています。これらは定温動物であるため体温を維持するために高い代謝を維持する必要があり、動脈系と静脈系を分ける必要がでてきたためこのような構造になったものと考えられています。

2 心臓の位置とその働きを知っておこう

心臓は肋骨で守られている胸郭の中に存在し、体のほぼ中央部にあります。その大きさは「握りこぶし」程度です。上部では大動脈という太い血管がつながっています。心臓の下部をみると左前方に尖った部分があり、その場所を「心尖（しんせん）」と呼んでおり、大人では第5肋間で体の中央から7～9センチメートルのところにあり、そこを指で触ると拍動が確認できます。

心臓は、「筋肉の塊」で心筋という筋肉で構成されています。心筋は、筋肉の動きに対応して強い収縮を行います。すなわち、心臓に血流が多くなると強く収縮して拍出量を増加させます。また、体が多くの血液を必要としたときには、脈を速くして対応しようとします。体にあるほとんどの筋肉は、脳からの指令により収縮を繰り返す骨格筋（随意筋）と呼ばれるのに対し、心筋は不随意筋で、交感神経と副交感神経の支配をうけていますが、自律性をもって動いています。

心臓は、すでに述べたように2対の心房、心室で構成されています。すなわち、右心房、左心房、右心室、左心室です。それぞれの壁の厚さをみてみると、心房よりも心室のほうが厚く、同じ心室でも左心室のほうが厚くなっています。これは全身に血液を送る必要があるためです。また、心房と心室の間には弁があり、右心系では三尖弁（さんしんべん）、左心系では僧帽弁（そうぼうべん）と呼ばれています。

人間を含めた大部分の動物は、細胞が生きるために常に血液を介して酸素や細胞に必要なエネルギーを受け取り、細胞が酸素を使い不要となった二酸化炭素や老廃物を運び出さなければなりません。体のすべての組織に隈なく血液を運び込むために、日夜常に心臓は働いているのです。

心臓のある場所

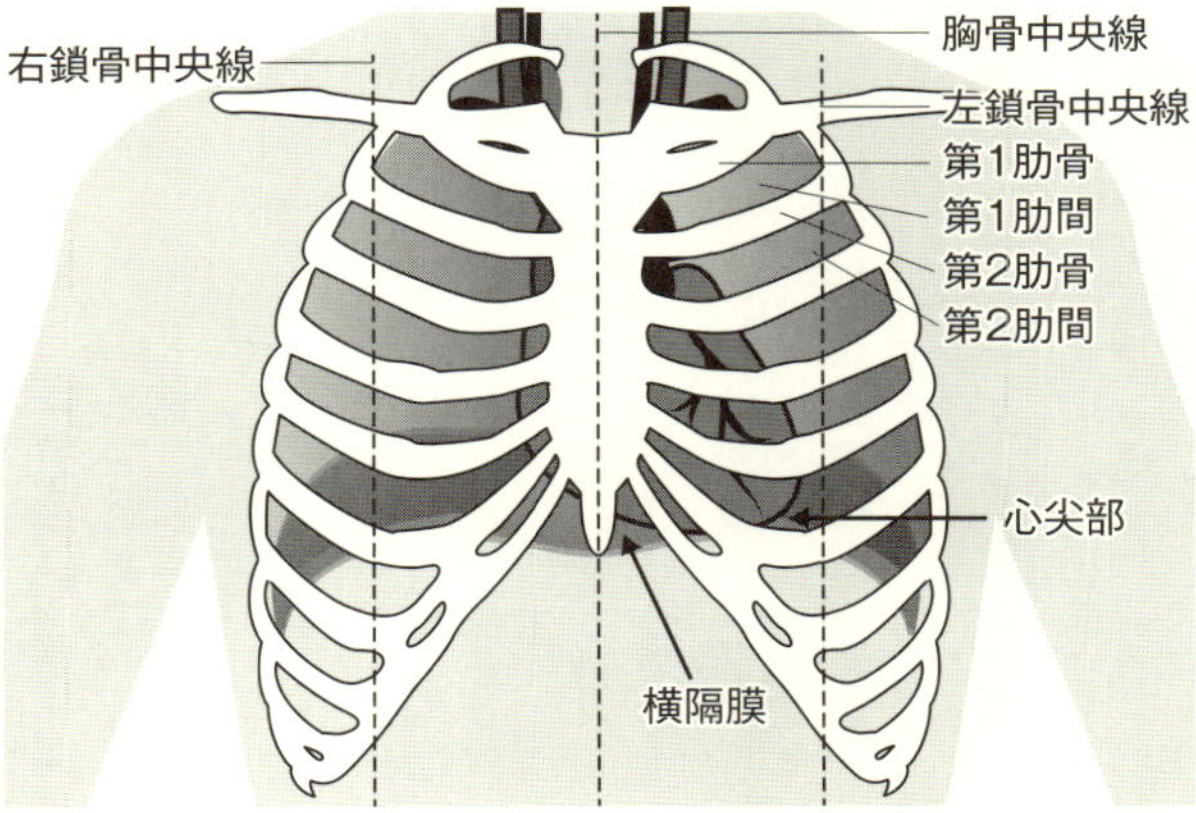

心臓の構造

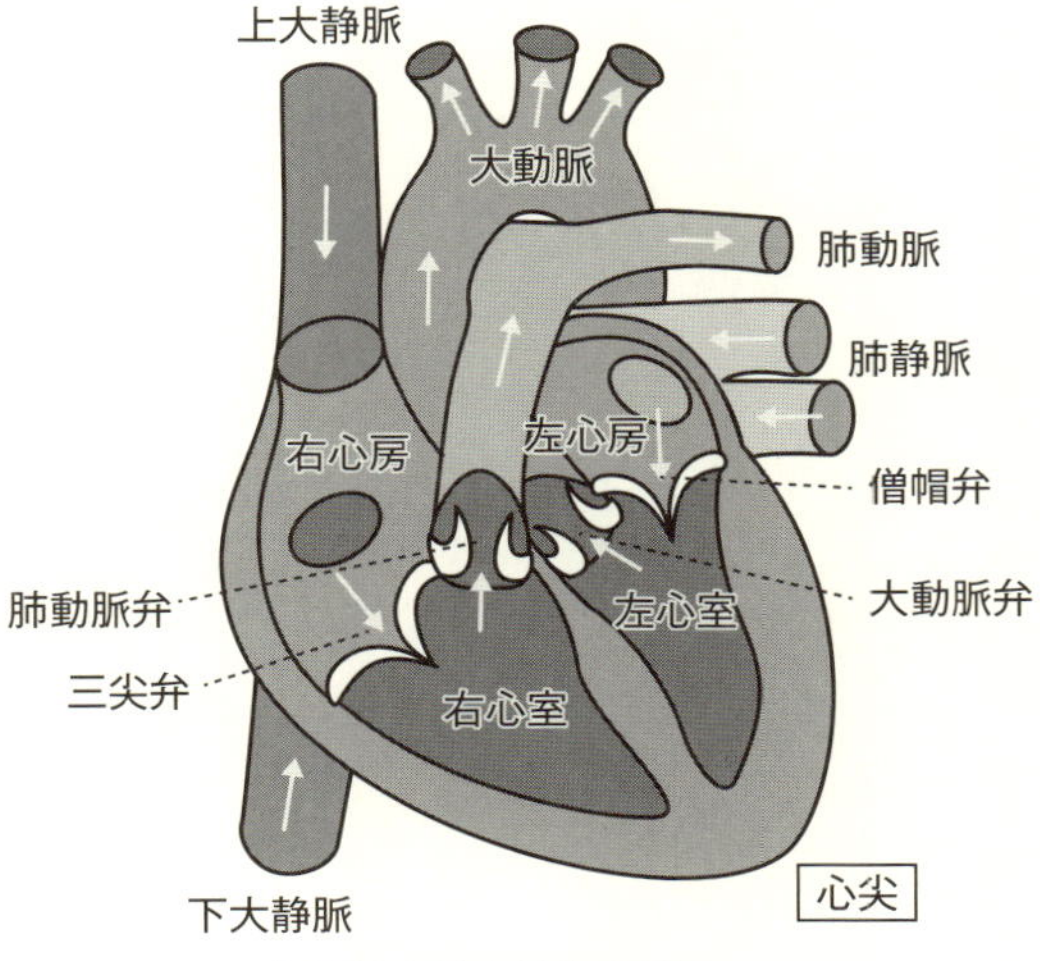

※矢印は血流の流れを示す。

3 心臓は文句も言わずに働く優れもの

心臓の役割は極めて明確で、全身に血液を拍出し、回収するポンプの働きをしています。正常人では、1分間に70回程度の収縮を繰り返しているので、人生80年とすると、一生の間に約30億回も拍動を繰り返し、血液を全身に送り出していることになります。この仕組みは、呼吸と同じように、眠っている時も働き続けてくれる優れものです。

心臓は、全身に血液を送り届けてくれるのですが、心臓自体も筋肉ですので酸素や栄養分を必要とします。それでは、心臓はどこからこれらを供給しているのでしょうか。

心臓から血液は大動脈に駆出されますが、血液が心臓から大動脈に出たすぐのところに、冠状動脈という血管の入り口が大動脈から出ています。大動脈には2か所入口があり、それぞれの血管は右冠状動脈と左冠状動脈と呼ばれています。これらの動脈が心臓に酸素や栄養素を供給しているのです。そして、これらの血管にはバイパスがなく何らかの原因で詰まってしまうと、その先に酸素などが供給できなくなり、狭心症や心筋梗塞といった恐ろしい病気になってしまいます。

いろいろな原因で血圧の高い状態が長く続くと、心臓はもっと頑張ろうと必死になって働きます。その結果、心臓に過重な負担がかかり、心肥大（心臓が大きくなること）になります。治療を怠ると、心臓はその限界に達しポンプ力が低下し、血液を送り

血圧と心臓

〔正常の血圧〕　〔高血圧→心不全〕

出す機能が果たせなくなります。この状態を、心不全といいます。心不全になると、足がむくんだり、少し歩いたり階段を登るだけで息切れが出現し（労作時呼吸困難）、さらには肺に水が溜まった状態（肺水腫）になります。そうなると、日常生活に支障をきたし、症状が増悪すれば入院して治療を受けることにもなります。このことからも、血圧を正しく管理することは極めて大切なことなのです。

心臓が何らかの原因で停止してしまうと、体中の臓器に酸素や栄養分などが供給されなくなるので、瞬時に意識を失い、速やかに適切な処置を施さないと、死に至ります。特に、脳は酸素が供給されなくなると、意識障害や体の麻痺がおこることがあり、自立生活が不可能となるような大きな障害が起きることもあります。

このような症状は、心臓が停止後５分から10分経過すると出現してきます。したがって、突然意識を

倒れている人を発見したら……

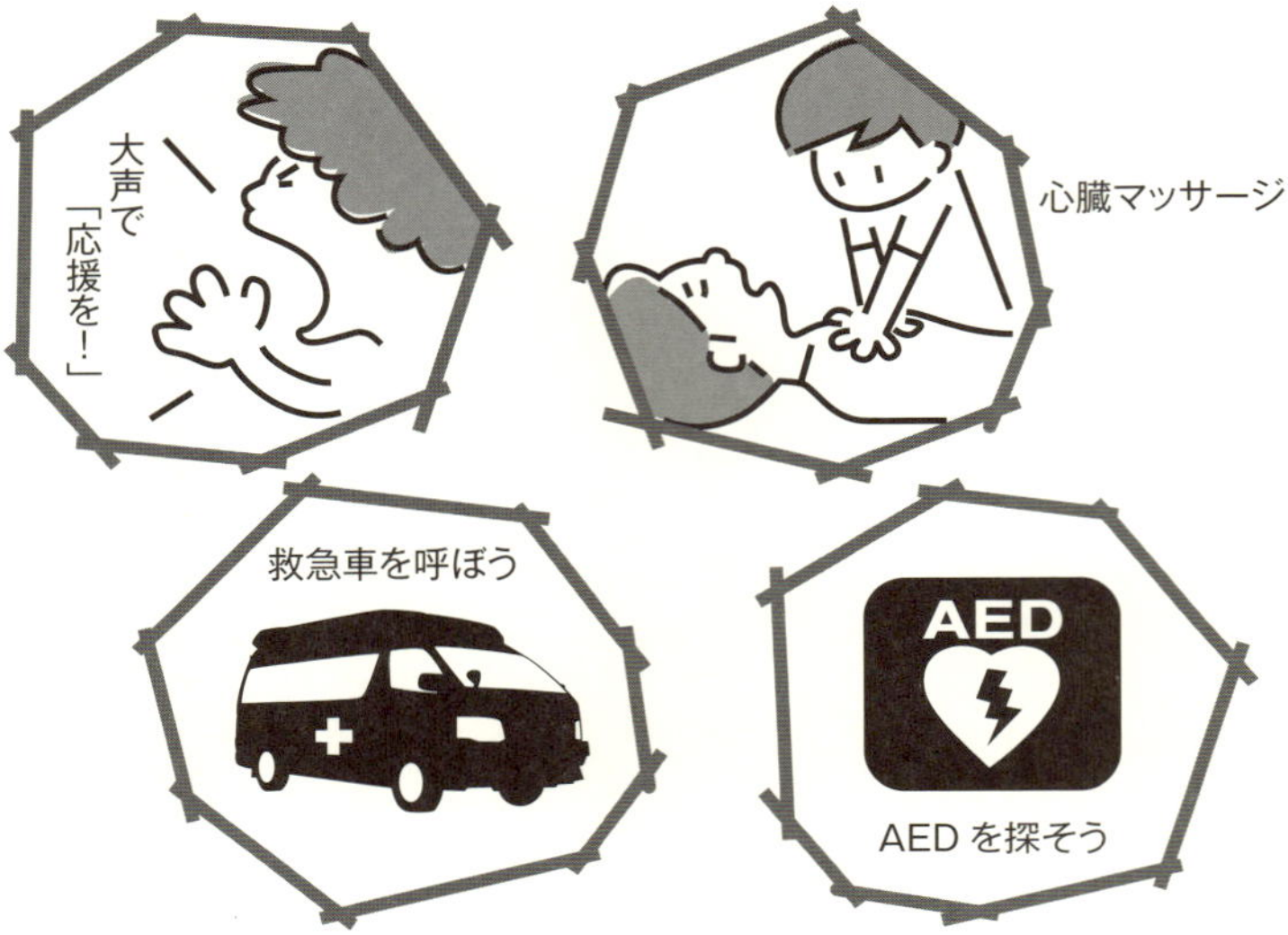

大声で「応援を！」
心臓マッサージ
救急車を呼ぼう
AED
AED を探そう

失った人がいた場合に、ＡＥＤ（自動体外式除細動器）を用いて早期に心臓の活動を再開させることが大変重要になります。このような状況に直面した時には、大声で助けを呼び、救急車の要請をおこない、ただちにＡＥＤを使用することが救命になります。

また、心臓が停止してから1分経過するごとに、死亡率は7～10％増加していきますので、早期の対応が求められます。

心臓はいつも休みなく働いているんだね
注意しないとね

4 全身に10万キロメートルもある血管とは何だろう

心臓から押し出された血液は、様々な血管網を通って全身に行き渡ります。つまり血管とは、血液を全身に送るための通路となる管のことです。

まず、直径が500円玉くらいの上行大動脈から下行大動脈（直径2～2・7センチメートル）、横隔膜を抜けたところから少し直径が小さくなった腹部大動脈、さらに、これら大動脈から分枝した鉛筆程度の太さの動脈、鉛筆の芯くらいの太さの細動脈となり、その後、髪の毛の太さ以下の直径0・1～0・0007ミリメートルの毛細血管となります。

血液は、毛細血管で、細胞との間のガス交換や栄養分の引き渡しをしたのち、心臓に戻る静脈系に流れていきます。血管網は、全身で総延長距離10万キロメートルくらいになり、地球を2周半するくらいの距離に相当します。そして、毛細血管は、すべての血管の99％を占めています。この血管網にもれなく血液が流れるようにするためには、心臓から強い圧力で血液を押し出す必要があります。

また、血液は血管内に閉じ込められており、外に出たときは出血ということになります。動脈が傷を受けた場合には、出血量が多くなり、時に出血死の可能性もありますので、早急に治療することが必要となります。

毛細血管は非常に細く、血管内皮のみからなっており、一層の内皮細胞でできています。円盤状の赤血球はその狭いところを、変形しながら通過してい

動脈の種類とその太さ

動脈の種類	直径	
大動脈	2cm ～ 2.7cm	500円玉の大きさ
腹部大動脈	1.5cm ～ 2cm	500円玉より少し小さめ
動脈	5mm ～ 9mm	鉛筆ぐらいの太さ 鎖骨動脈・頸動脈など
細動脈	0.2mm ～ 0.5mm	鉛筆の芯よりやや細めの太さ
毛細血管	0.1mm ～ 0.0007mm	髪の毛の太さより細い 全血管の99%を占める

毛細血管のはたす役割

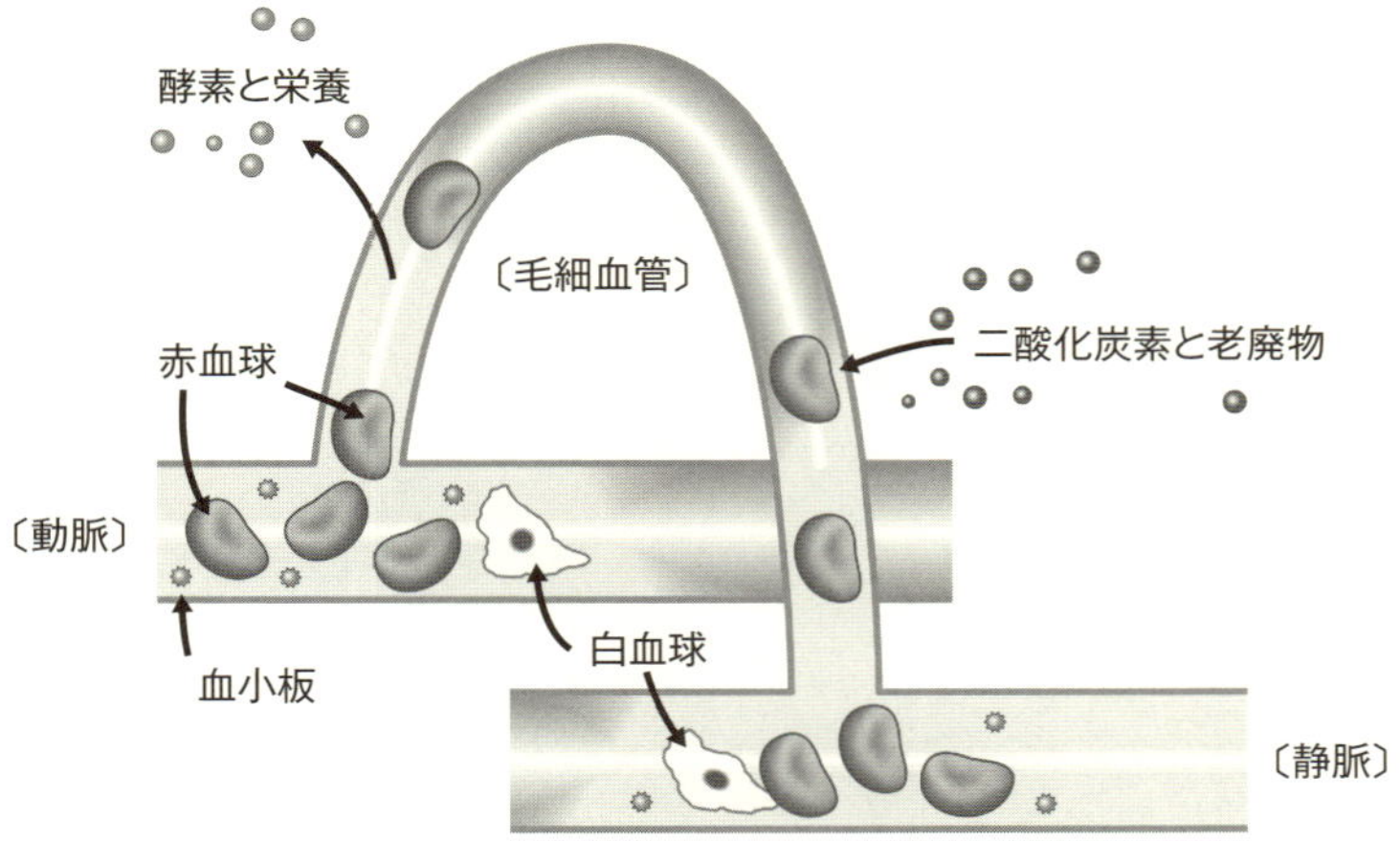

きます。そのときに酸素と栄養素が細胞に渡され、不必要な二酸化炭素と老廃物を細胞からもらいます。

肺動脈は、全身から戻ってきた血液を肺に送るため、静脈と同じく酸素飽和度は約70％と低値ですが、それ以外のすべての動脈では、血液中のヘモグロビンは酸素で95～１００％に飽和しています。毛細血管を通過した後は、静脈系になります。静脈にはほとんど圧がないので、心臓に戻るために静脈の中に弁が存在し、血液が心臓に戻りやすくしています。

血管は、自らの力で血液の輸送を行なうことはできませんが、動脈では交感神経、副交感神経という自律神経により筋層部分で収縮することで、血管の内径を調節して、下流への血流を変えることができます。緊急事態になれば、水道のバルブを閉めたり、緩めたりすることで必要とする場所に適正に配水するように、体は生命維持に必要な部位に、より多くの血液が流れるように調整しているのです。

この輸送を担うために、心臓は日々血液を拍出しています。この拍出する力が血圧であり、心臓から押し出された血液を、血管はいわゆる〝物流を担っている高速道路〟のように全身に運ぶ道の役割を担っているのです。

人間の血管は地球を
２周半もするほど長
いなんて驚きだね！

5 血圧はどのような役目をはたしているの？

血圧が維持されなければ、体のすみずみまで血液を送り届けることができません。したがって、血圧が低すぎると、酸素や栄養分を十分に全身に送ることができなくなり、細胞は死滅してしまいます。

また、血圧が高い状態が維持されると、血管に劣化がおこり（動脈硬化）、パイプに相当する血管が弾力性を失って破綻し、脳出血など重篤な疾患を引き起こします。つまり、血圧は、高すぎても、低すぎても問題だということなのです。

また、思考、意思決定など人として重要な役割を果たす脳は、立っているときには心臓より30～40センチメートル高い位置にあり、少なくとも血液をその高さまで運ぶ圧力がなければ、脳に血流を送ることができなくなり、意識消失を起こす危険性があります。

血圧という言葉を聞くと、体中どこでも同じと思っているのではないでしょうか。正解は「ノー」です。私たちが日常理解している血圧とは、大動脈や動脈の圧のことを指します。動脈の種類によって血圧は異なり、細動脈では、血圧は35ｍｍＨｇ前後であり、もっと細い毛細血管ではさらに低くなり15ｍｍＨｇ程度になります。

また、血液の流れは、1秒間に大動脈が60センチメートル前後、動脈が20～50センチメートル、細動脈が5センチメートル前後であり、毛細血管においては非常に遅く0・05～0・1センチメートルくら

動脈の部位とその血圧および血流の速さ

血管名	血圧	血流の速さ
大動脈	130～85mmHg	63cm/秒
動脈	130～85mmHg	20～50cm/秒
細動脈	35mmHg	5cm/秒
毛細血管	15mmHg	0.05～0.1cm/秒

いです。

毛細血管の血流の流れが遅いのは、理にかなっているように思います。その部位では、ガス交換や栄養素などが細胞に渡され、不要になった二酸化炭素や老廃物を血液に戻す作業を行なうため、時間をかける必要があるからです。

血圧の役割は、心臓から送られた血液が、体中にある60兆個余りの細胞に、一様に酸素や栄養素を送り届けることです。したがって、血管が様々な原因で狭くなったり、詰まってしまうと、細胞は死んでしまいます。

これが広範囲におこれば、「細胞の死」だけでなく「個体の死」に直結します。これを未然に防ぐために、血圧を上昇させてでも血液を細胞に送り届けようと心臓は拍出量を増やします。

6 最高血圧と最低血圧の違いと血圧測定の仕方

血圧計で示される最高血圧とは、心臓が血液を送り出すときに心筋が最大限に収縮したときの圧力をいいます。また、最低血圧は、次に送り出す血液を心臓内に貯めて膨らんだ時に、血管壁が受ける圧力のことです。そのため、最高血圧のことを収縮期血圧、最低血圧のことを拡張期血圧とも呼んでおり、それぞれ同じ意味のことをいっています。

血圧は、自律神経の影響をうけるので、心穏やかでリラックスしているときには最高血圧は低くなり、興奮したりストレスなどがあると高くなります。

また、一日の中でも血圧は変動することが知られています。具体的には、健常人では起床時には血圧は低く、午後になると高くなります。

さらに血圧は、精神状態によっても多少の変化がみられます。診察室などで医師に対面した際、あるいは人前で血圧を測定する場合には、家庭で測定するときより高くなることがあります。これが極端になった場合には「白衣高血圧」、「白衣症候群」と呼ばれており、精神的な要素が強く、病気ではありません。

成人の血圧の正常値は、家庭内では最高血圧が125mmHg未満、最低血圧が80mmHg未満とされています。また、診察室など自宅以外で測定するときには少し高く、最高血圧が130mmHg未満、最低血圧が85mmHg未満と考えられていま

最高血圧と最低血圧

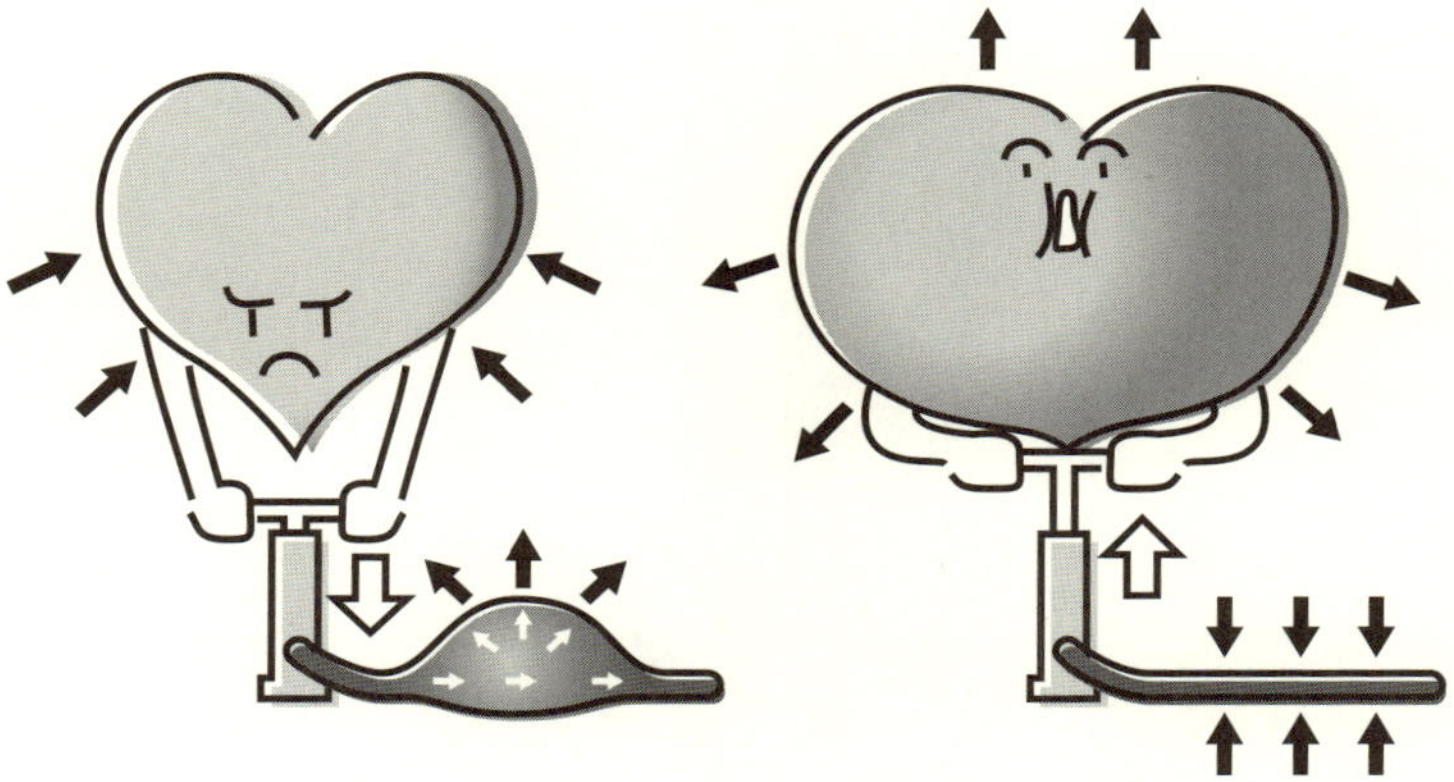

最高血圧
（収縮期血圧）

最低血圧
（拡張期血圧）

す。

また、糖尿病や慢性腎臓病患者では血管病変を合併することが多く、正常人に比較すると少し厳しい数値となっています。年齢とともに血圧は高くなることが知られており、50歳代以上になると50%以上の確率で高血圧に移行しています。

血圧を測定する際には、注意点がいくつかあります。まず、測定するときの姿勢です。椅子に背筋を伸ばして座り、測定するときに巻くカフを心臓と同じ高さにすることが大切です。そして、腕に力を入れないで測定を開始します。血圧を正しく測るためには以下の点に気を付けることが必要です。

①気持ちを落ち着かせてリラックスする

トイレを我慢したり、気持ちが落ち着かないときには血圧が上昇します。また、食事、入浴、運動は、血圧測定の1時間前からは避けるべきです。

さらに、部屋が寒かったりしないよう環境を整え

血圧の正しい測定法

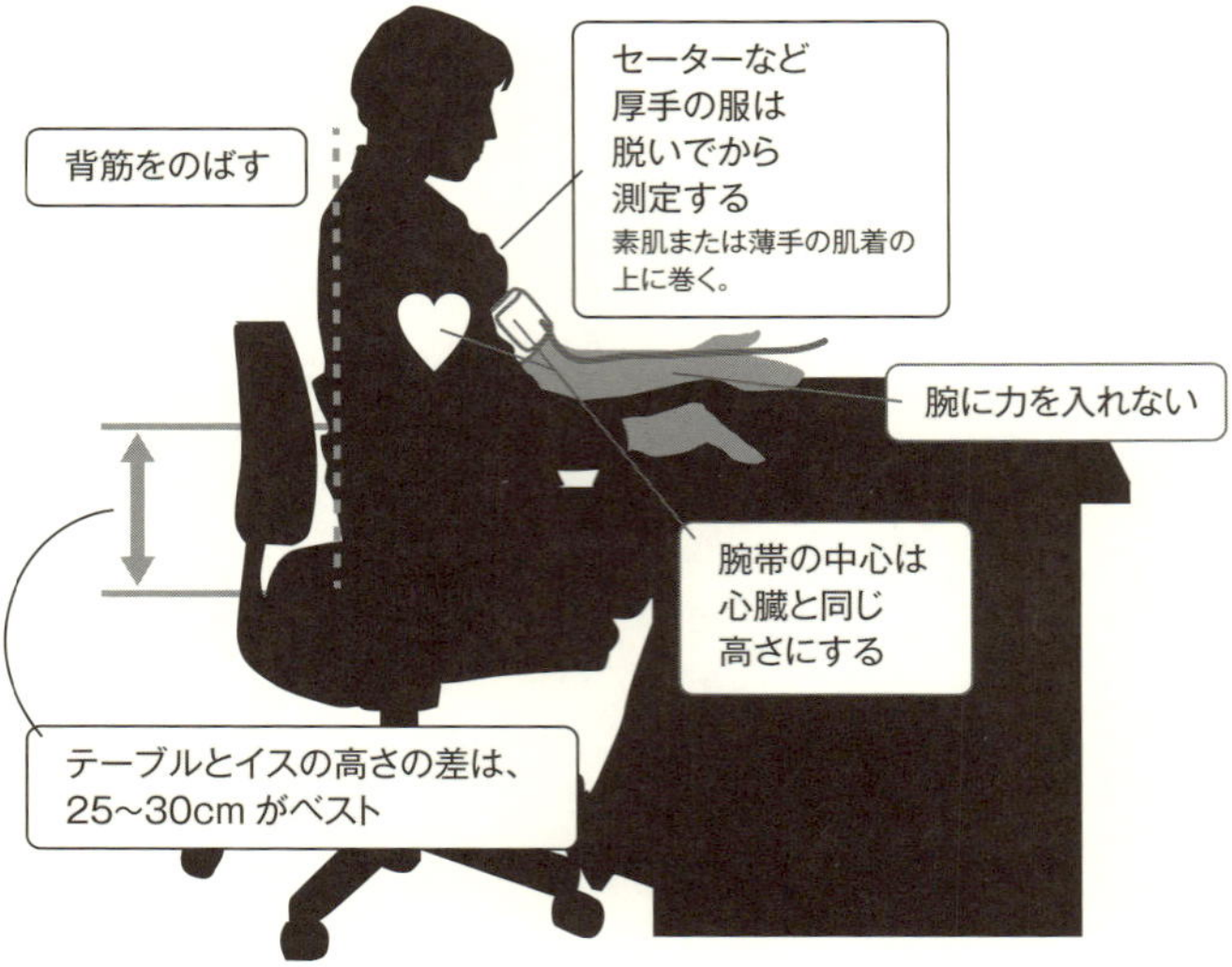
セーターなど
厚手の服は
脱いでから
測定する
素肌または薄手の肌着の
上に巻く。
背筋をのばす
腕に力を入れない
腕帯の中心は
心臓と同じ
高さにする
テーブルとイスの高さの差は、
25～30cm がベスト

ておくことが必要です。

②きちんと座って測定する

椅子に座り背筋を伸ばして、腕の高さは心臓と同じ位置で血圧を測ることが基準です。

③毎日同じ時間に測定する

血圧は、時間により変動するため、ほぼ同じ時間に測定しなければ信頼できるデータはえられません。

④信頼できる血圧計を選ぶ

上腕部にカフを巻くタイプのものがお薦めです。手首などで測定するものは正確な測定ができないことがありますので、仕様書などを十分に理解して正しく測定することが望まれます。

測定の方法を正しく行わないと、血圧が正確に測定できなくなるので注意をしてください。

7 平均血圧と脈圧は動脈硬化の進行を診断する重要な数値

血圧には、最高血圧と最低血圧がありますが、これだけを知っていても十分ではありません。この２つの血圧の差を「脈圧」といいます。また、「平均血圧」というものもあります。この平均血圧は、常に動脈にかかっている平均的圧力と定義されており、最高血圧と最低血圧から算出されます。これらの４つの関係を下図に示します。

平均血圧の計算方法は左の通りです。

［計算式］

平均血圧＝（最高血圧－最低血圧）÷３＋最低血圧

で算出されます。

平均血圧と脈圧は、血管壁が硬い可能性、あるい

平均血圧と脈圧の関係

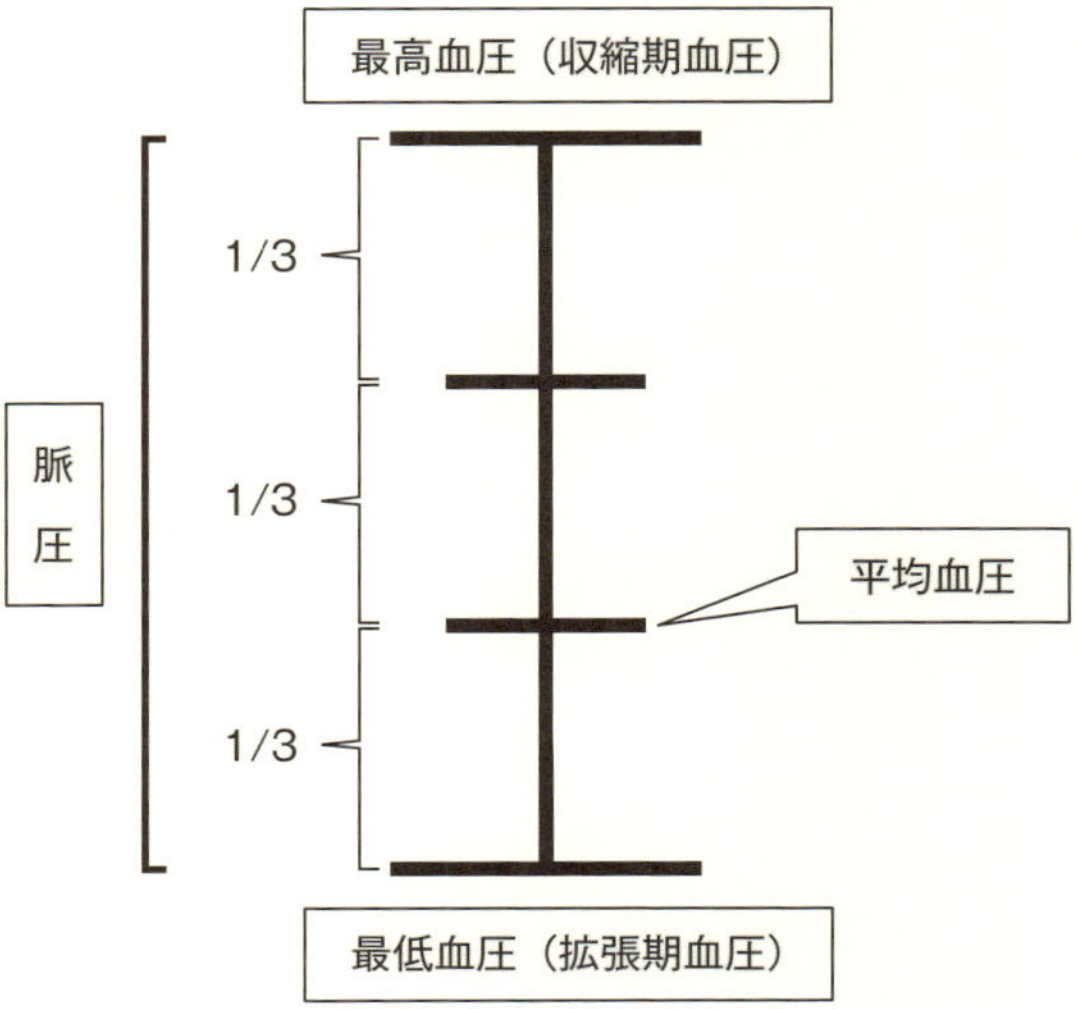

は動脈硬化の進行を診断する大切な指標となります。

平均血圧は、心臓より離れた細動脈や毛細血管の状態をみる指標であり、脈圧は心臓に近い大動脈や動脈の硬化度を予測します。平均血圧は、正常値が90ｍｍＨｇ以下であり、細動脈や毛細血管の動脈硬化が重度のものは110・1ｍｍＨｇ以上の値になります。

また、脈圧は適正値が40ｍｍＨｇ以下、正常値は40・1～45ｍｍＨｇです。特に、脈圧が60ｍｍＨｇ以上は要注意で、心臓病を起こしやすくなります。平均血圧や脈圧が高値になると、血管が動脈硬化をきたしている可能性が高く、早急にその予防対策を講じる必要があります。

また、最高血圧だけに注目していますが、最低血圧にも注意する必要があります。最低血圧は、異常に低くても大丈夫と考えている人が多いのですが、

高血圧における細動脈への圧負荷

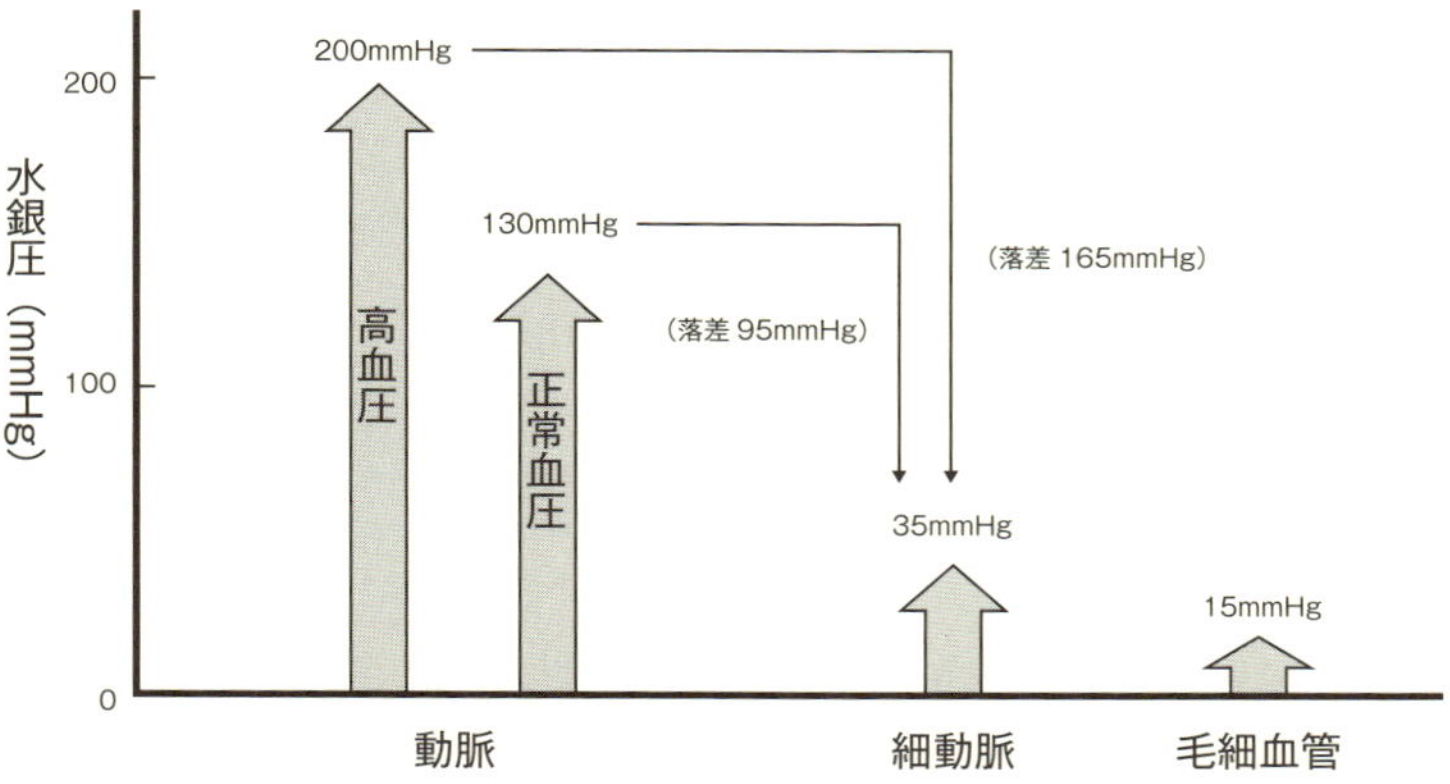

これは大問題で、特に50歳代以上で、最低血圧が低下してきた場合には危険です。

実は、心臓に酸素や栄養素を供給している冠状動脈は、拡張期血圧によって運ばれる血液により維持されており、拡張期圧が低下すると冠状動脈への血流が低下して、狭心症や心筋梗塞を起こしやすくなるのです。

また、左右の腕で測定した血圧に差があるときも問題です。左右の血圧の差が、10ｍｍＨg以下であれば問題ないですが、20ｍｍＨg以上の差がみられた時には、大動脈に何らかの原因で狭窄（きょうさく：狭くなること）や、大動脈瘤など恐ろしい病気が潜んでいることがあるので、病院を受診してください。

血圧は、動脈の圧を示していますが、高血圧になっても細動脈や毛細血管の圧は、ほとんど変化しません。したがって、高血圧になると動脈と細動脈との間で血圧の落差が大きくなり、細動脈の血管がふくらんだり、傷ついたりすることがおこりやすく、動脈瘤や血栓ができやすくなり、特に脳の大動脈で動脈瘤はおこりやすいので、注意が必要です。

最高と最低の
血圧の差を知って
おくことも
大事なんだね！

8 血圧の単位はなぜｍｍＨｇなのか

「血圧」という言葉には大変なじみがあると思います。病院を受診したり、健診を受ける際には、医師や看護師が血圧を必ず測定します。時には、あらかじめ診察の前に自動血圧計などで測定することもあるでしょう。そのとき、「血圧は上が１１０で下が70ですね。問題ないから安心してください」といった言葉を聞くことが多いでしょう。

ところで、血圧の単位は意外と知らない人が多いようです。正解は、「ｍｍＨｇ」です。この単位の読み方は、「ミリメートルエイチジー」、「ミリメートル水銀柱」、「ミリメートルマーキュリー」など様々です。

これは、動脈にかかっている圧力（血圧）が、水銀を何ミリメートル押し上げることができるかということを意味しています。冒頭で述べた「血圧が１１０」というのは、最高血圧（収縮期血圧）が１１０ｍｍＨｇであることを意味しており、水銀を単位面積（１平方センチメートル）あたり１１０ミリメートル押し上げるということです。水銀では理解しにくいかもしれませんので、水に換算して計算しましょう。水銀の比重は13・6ですので、１１０（ｍｍＨｇ）×13・6＝１４９６（ミリメートル）となり、水を１５０センチメートル近く押し上げる圧力が血管に負荷されていることで、それだけの圧力が血管壁に常にかかっているということになります。高血圧の人であれば、もっと圧力がかかること

血圧を水圧に見たてた場合の到達点

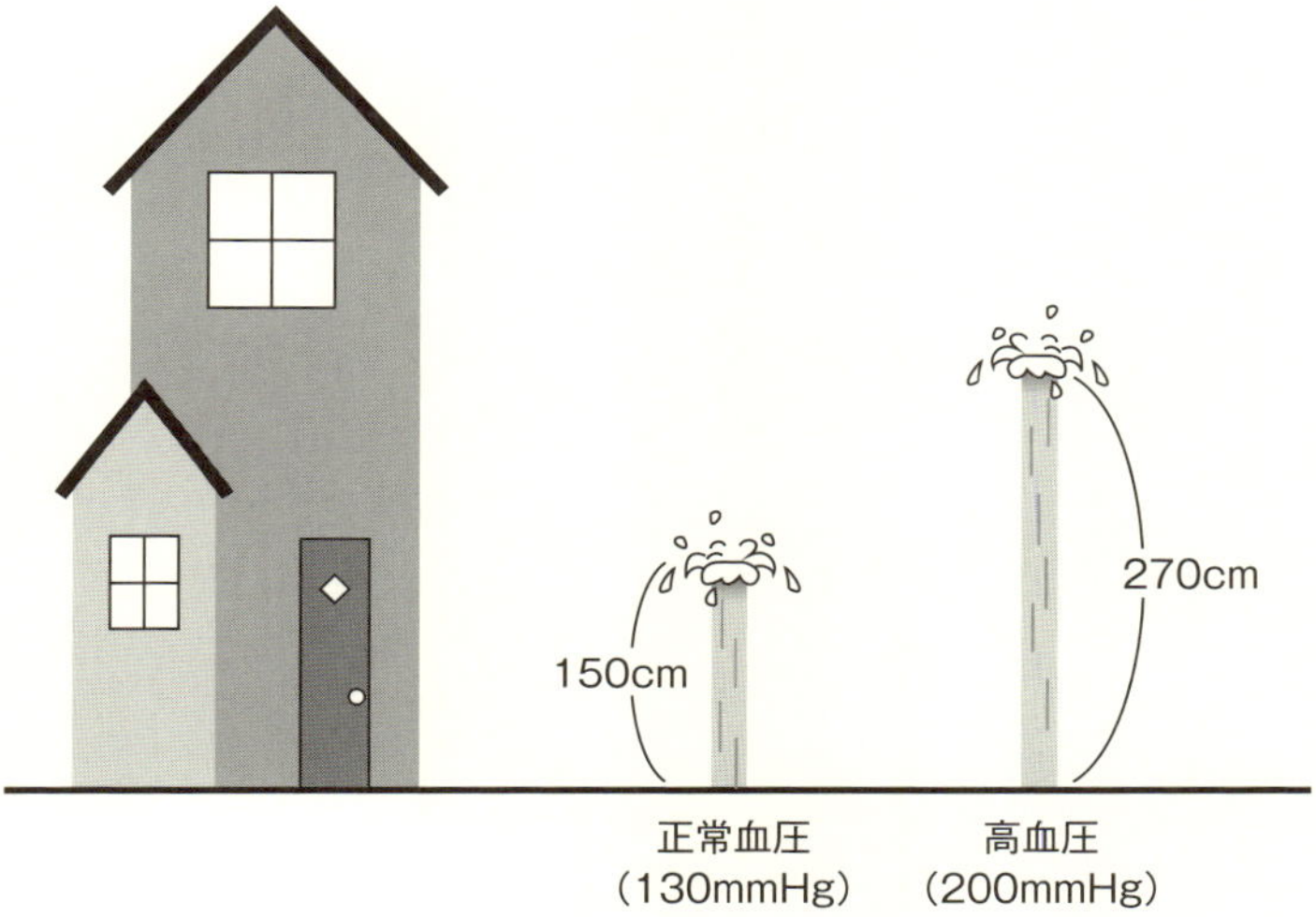

になり、例えば最高血圧が２００ｍｍＨｇの人では、２７０センチメートルの高さまで水を押し上げることになります。これは、家の高さで考えると２階に到達する高さです。動脈が何らかの原因で傷つくと、大出血になるのも頷けます。

　血圧にこの単位が用いられるようになったのは、今から１８０年以上前のことです。水銀が用いられた最大の理由は、血圧を測定する器具をコンパクトにするために、常圧常温で最も重い液体であるからです。そして、水銀の高さを目盛りにしたため、その単位はｍｍＨｇと決められました。

　現在では、水銀が環境に与える悪影響を考慮して、水銀を用いた血圧計は、国際的に廃止されてきています。そして国際単位として、圧力はパスカルで表示するように決められていますが、医療現場の混乱が危惧されるので、経過的処置としてｍｍＨｇが使用されています。

9 血圧はどのようにして維持されるのか

血圧は様々な要素で維持されています。血圧に与えられた使命は、すべての細胞に酸素や栄養素を十分に送ることです。したがって、細胞で酸素が不足したり、十分なエネルギーが得られないと、その刺激が脳に伝わり、その指令で自律神経のうち、交感神経の反応が高まります。

交感神経が興奮してくると、腎臓の上に載っている副腎からアドレナリン、また神経末端からはノルアドレナリンの分泌量が増加してきます。その結果、心拍数が増加し、細動脈が収縮して血圧が上昇します。

心臓の動きと血圧をコントロールしているものには、どのようなものがあるのでしょうか。

まず、先に述べた自律神経があげられます。自律神経には2種類の神経が存在します。車にたとえれば、アクセルに相当する交感神経とブレーキの役割をはたす副交感神経があります。緊張するとドキドキするのは、まさにこの交感神経が優位に活動しているからです。

このときには、心拍数の上昇とともに血圧も上昇します。入浴したり音楽を聴いたりして気分が落ち着いてくると、副交感神経が優位になり、血圧も安定してきます。

自律神経以外に血圧に関与するものとして、非常に少ない量で作用する生理的活性物質であるホルモンがあります。代表的なものを列挙すると、血圧を

血圧を維持する生体内の生理物質

自律神経系	ホルモン
1. 交感神経　アクセルを役割を担う	1. 血圧を上昇させるホルモン
ノルアドレナリンの働きによる	アドレナリン：副腎皮質から分泌心臓の収縮力と細動脈の収縮する
心臓：心筋の収縮力の強化→心拍数の増加	レニン：腎臓への血流低下を認識し、腎臓から分泌され、副腎と交感神経を刺激する
細動脈：血管の収縮→血圧の上昇	バソプレッシン：脳下垂体から分泌され、利尿を抑制し、血管を収縮する
2. 副交感神経　ブレーキの役割を担う	糖質コルチコイド：副腎皮質から分泌され、レニンの分泌を促進する
アセチルコリンの働きによる	
心臓：心筋の収縮力の減弱→心拍数の減少	鉱質コルチコイド：副腎皮質から分泌され、腎臓でナトリウムと水の再吸収を促進し血圧を上げる
細動脈：血管の拡張→血圧の低下	甲状腺ホルモン：甲状腺から分泌され、交感神経を活性化する
	2. 血圧を下げるホルモン
	腎臓でナトリウム排出を促進し、血管を拡張する
	心房性ナトリウム利尿ペプチド、キニン、プロスタグランジン

上昇させるホルモンとしては、アドレナリン、レニン、バソプレッシン、ステロイド、甲状腺ホルモンなどがあります。

アドレナリンは、既述したように副腎のなかで髄質という部分から分泌され、心臓の収縮力と細動脈の収縮を増強させる働きがあります。

レニンは、腎臓に血流が減少すると分泌され、副腎と交感神経を刺激します。

バソプレッシンは、抗利尿ホルモンともいわれ、尿がどんどん出てしまう尿崩症（にょうほうしょう）という病気の時に治療薬として使用されています。このホルモンは、脳下垂体という脳の直下に存在し、脳の一部がぶら下がっているように見える内分泌器官から分泌されます。尿を排出することを抑制することから、体内に水が溜まり、血管内の血液が増加することにより血圧を上昇させます。

ステロイドは、水の体内への再吸収やレニン分泌を促進することにより血圧が上昇します。

甲状腺ホルモンについては、交感神経の活性を活発にすることにより、血圧の上昇が起こります。これらの物質が、病気により増加するときや、薬剤として投与される時には、血圧の変化にも注意する必要があります。

血圧を下げる作用のあるホルモンとしては、肝臓で作られるキニン、腎臓から分泌されるプロスタグランジンなどがあります。詳細は省略しますが、これらは腎臓でナトリウムを排出することにより尿量を増加させ、さらに血管を拡張させ血圧を低下させます。

一口メモ

血圧を上昇させる原因はいろいろある。自律神経とホルモンが重要である。

第2章

血圧は人間の身体を支えている

10 大事にしなければならない自分の体

血圧が存在しなければ、生命を維持することは不可能です。血管は、血液を流す水路の役割をしており、血液を流すためには血管に一定の圧力がかかっていなければなりません。しかし、血圧は高すぎても低すぎても問題があります。その調整（ホメオスターシス）がきちんとできていればいいのですが、生活習慣や周りの環境など、いろいろな要因で調節機能が障害されることがあります。

再生医療が進歩して、iPS細胞などで自分の臓器を作ることができる時代が来ればいいのですが、それにはまだまだ時間がかかることでしょう。それまでは、生まれた時に備わった心臓、血管などを一生使い続けなければなりません。

iPS細胞の臨床応用の将来像

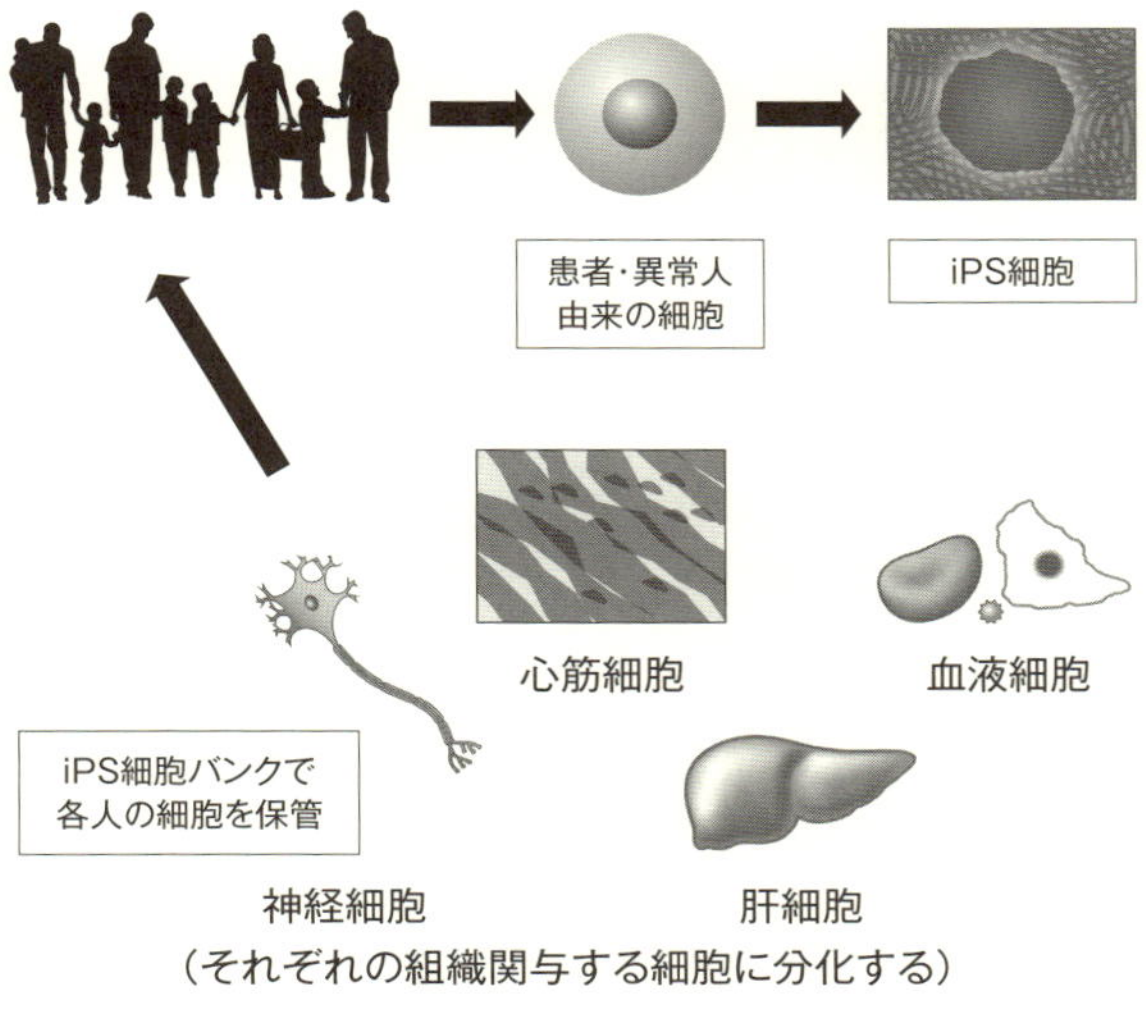

Column

「五臓六腑」というのは何でしょう？

お酒を飲んだ時に、「五臓六腑にしみわたる美味い酒だ！」などという言葉を聞いたことがあると思います。五臓六腑というのはいったい何でしょうか。

五臓六腑とは、伝統中国医学において人間の内臓全体を表現するときに用いられる言葉です。五臓とは、肝臓・心臓・脾臓・肺臓・腎臓を指し、六腑とは、胆のう・小腸・胃・大腸・膀胱・三焦のことをいいます。三焦という言葉はなじみのないものですが、「働きがあってカタチがない」と記されていて、実体はリンパ管のことを指しています。これらは生命を維持するために重要なものです。

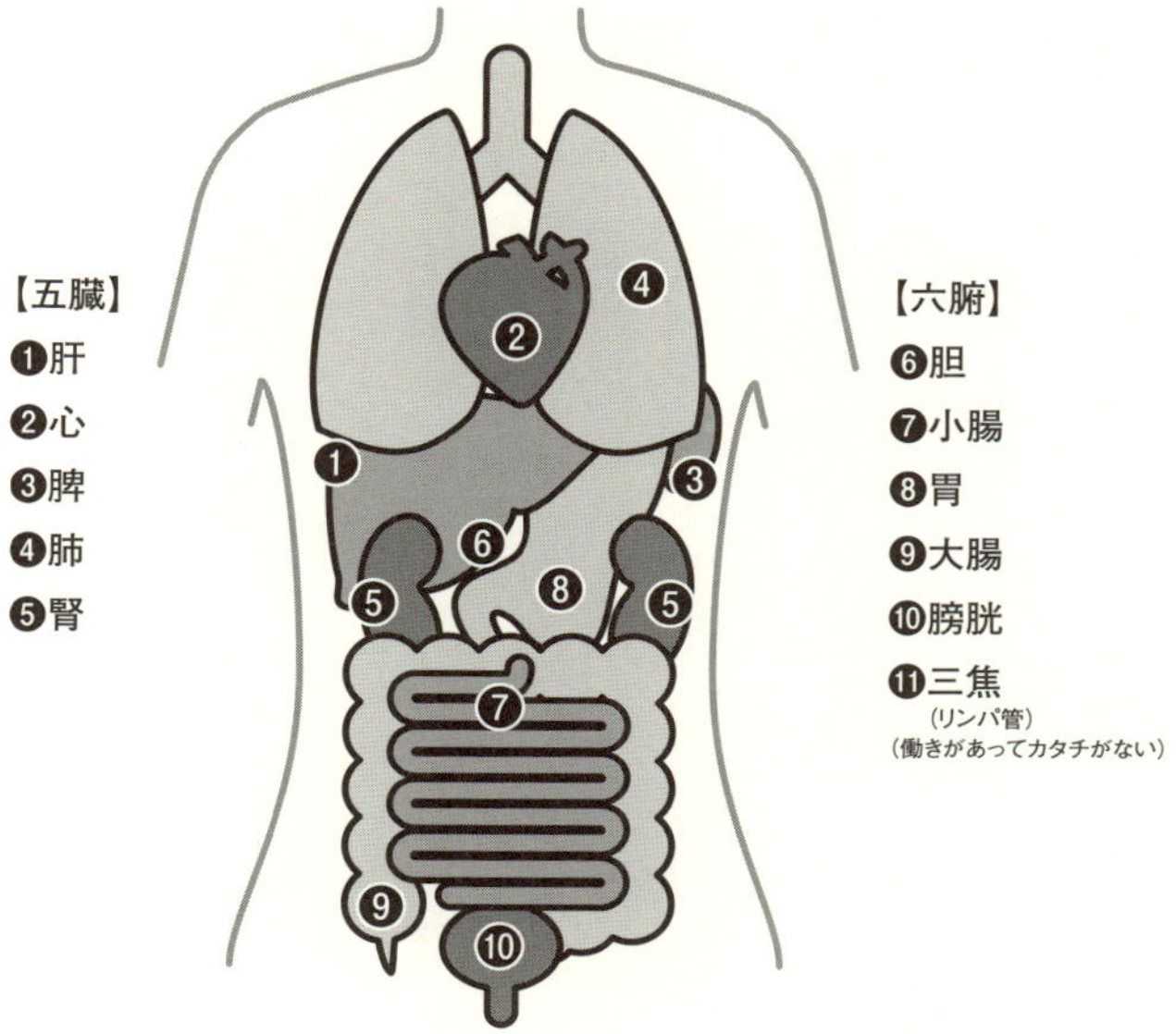

11 健康寿命を伸ばすためにも血圧は大事

「老化」は誰もが避けて通れない道です。老化がおきると、様々な場所で細胞が減少し、記憶力の低下、筋肉の萎縮、骨の密度の減少など、いろいろな障害がみられるようになります。

血管においても、同様のことがおこります。高齢になると、いろいろな原因で血管に障害がみられ、動脈硬化がおこってきます。この動脈硬化により血管に弾力性がなくなり、血流が体のいたるところで十分に保てなくなり、血圧の上昇がみられるようになります。動脈硬化は、糖尿病、高脂血症など生活習慣病があると、さらに加速度的に進行してきます。

そしてこれらの状況がさらに悪循環をおこし、血

高血圧になるメカニズム

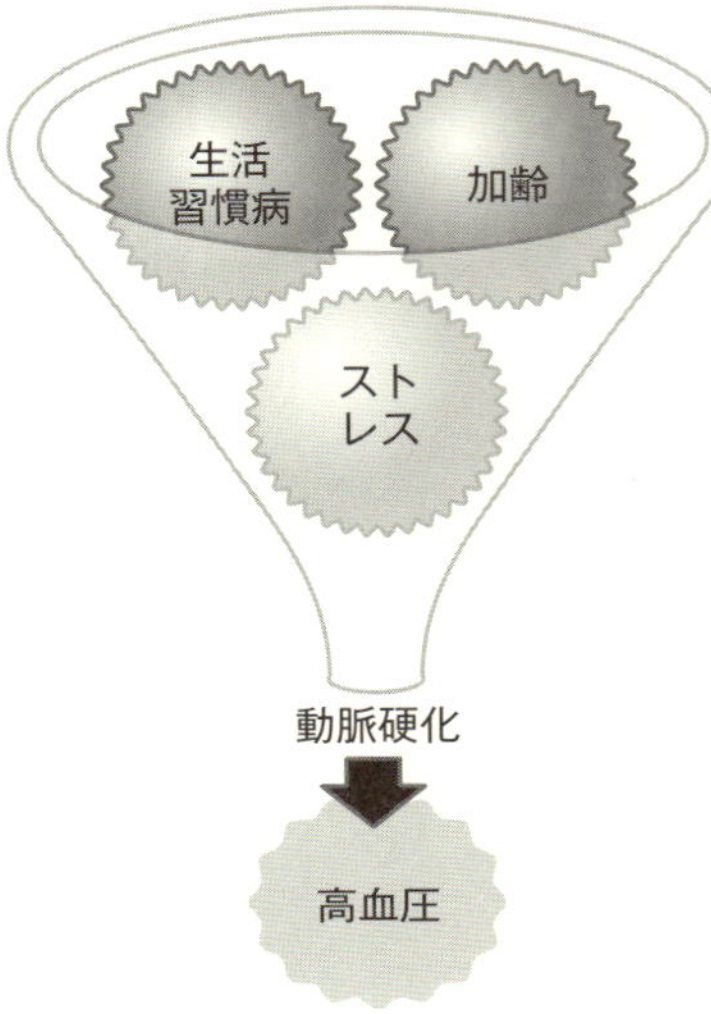

平均寿命と健康寿命の差

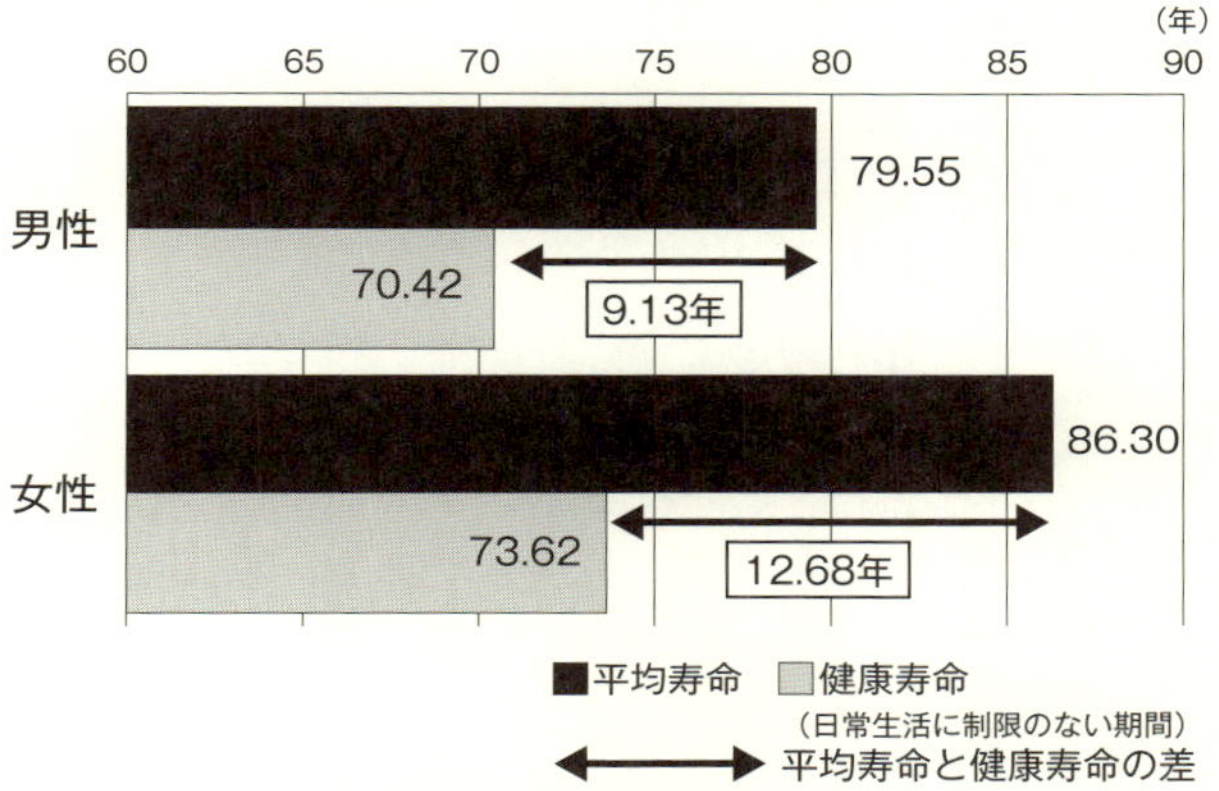

資料：平均寿命(平均22年)は、厚生労働省「平成22年完全生命表」
健康寿命(平均22年)は、厚生労働科学研究費補助金「健康寿命における将来予測と生活習慣病対策の費用対効果に関する研究」

出典：厚生科学審議会地域保険健康増進栄養部会・次期国民健康づくり運動プラン策定専門委員会「健康日本21(第二次)の推進に関する参考資料」

圧がどんどん高くなっていきます。

これに対して、どのように予防をしていくかが大切な課題となります。日本は、平均寿命は世界一ですが、健康寿命は必ずしも満足のいく結果がえられていません。「ピンピン、コロリ」という言葉があるように、人間誰しも人生の最終章で、人に迷惑をかけることは望んでいないと思います。

人間の尊厳を大切にして、元気に自立した生活をしていくことが大切であり、そのためにも、予防を心がけながら、正常な血圧を維持することはきわめて重要なことです。

一口メモ

年をとるといろいろな原因でどうしても血管に障害がおこってくる。予防が大切な課題。

12 血圧が正常とはどういうことか

血圧の正常値は、昔は「年齢＋90ｍｍＨｇ」であったものが、「年齢に関係なく１６０ｍｍＨｇ」となり、その後の高血圧の基準については、世界保健機構（ＷＨＯ）などが定めたものがあります。日本では、日本高血圧学会の「高血圧治療ガイドライン２０１４」が基準とされています。

現在の血圧の正常値は、上の血圧が１２９ｍｍＨｇ、下の血圧が84ｍｍＨｇ未満をいいます。また、自宅で測定する場合には、リラックスした状態ですので正常値は低く設定されており、１２４／79ｍｍＨｇ未満を正常値とします。そして、血圧は低いほど良いとされ、個人差や年齢差はないという考えが主流です。しかし、それは本当でしょうか。血圧が低すぎても問題はあるのです。

血圧が正常といっても、年齢、性別によって異なります。20歳代や30歳代で血圧が１３０／85ｍｍＨｇを超えることは、年齢別の血圧の平均値でみる限り、非常に稀であるということになります。しかし、中年といわれる40～50歳代において平均値は、明らかに正常値を超え始めています。

60歳代以降では、最高血圧が上がり、最低血圧が下がることに注意が必要です。これは脈圧が大きくなることを意味しており、動脈硬化の存在を示しています。

女性は20～30歳代は男性に比較して脈圧は少し低いが、中年以降は女性ホルモンの減少とともに動脈

年齢別の血圧平均値

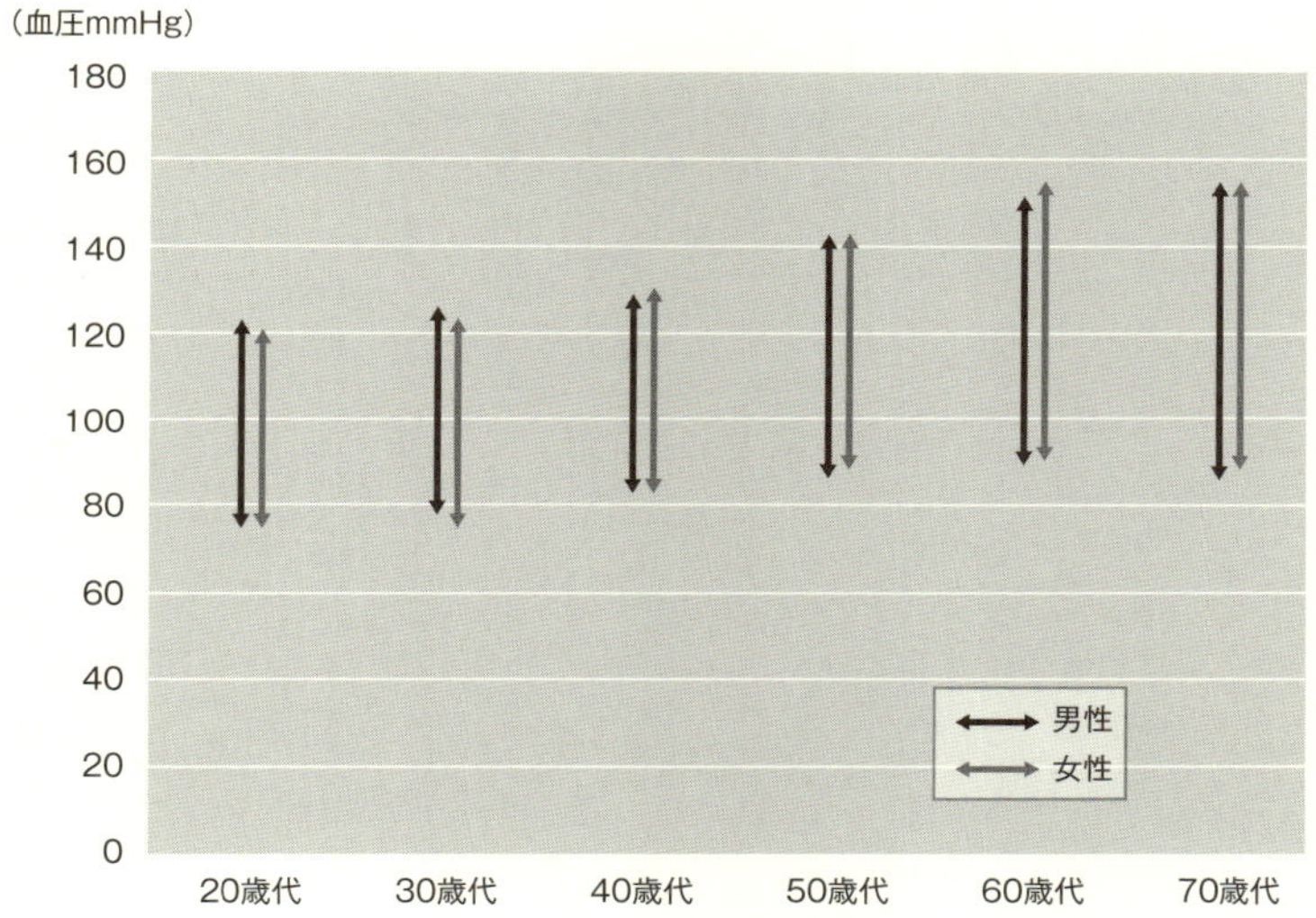

硬化が進み、男性とほとんど差がなくなります。

血圧は測定する条件で変化します。そのため、少なくとも測定する時間を決めて、深呼吸などをおこない気分をリラックスさせて2回以上調べることが大切です。

また、血液は命の源であり、必要な時には心臓は多少無理をしてでも血液を送ろうとします。それも無理やりではなく、「少し血圧を上げよう。あまり上げ過ぎると血管が破裂するし、低すぎると血液が行き渡らないから、このくらいにしておこう」と考えて、心臓は自動的に調整して、血圧を決めていることを念頭に入れるべきです。だからこそ、血圧が正常値より少し高いからといって、安易に降圧剤を投与するのは考えものです。その背景をしっかりと把握し、その改善を図ることを第一に考えて、それでも血圧が下がらないときには降圧剤を処方することを考えるべきです。

13 4つに分れる血圧の分類

血圧は、いろいろな要因で変化することをお話ししてきました。その変動の機序については謎が多く、そのことを念頭に入れ、個人の特性を理解しつつ正しい診断が行われなければなりません。血圧の絶対値（測定値）に振り回されず、体の変調を読み解く大きな手掛かりとして考えることが大切です。

まず、高血圧のタイプを考えていきましょう。外来などで測られる血圧と家庭で測る血圧の数値の組み合わせで４つの区分に分類することができます。両者の血圧がともに正常範囲内にあるものは、正常血圧とされます。また、両者ともに正常値を超えてしまったものは持続性高血圧に分類され、持続性高血圧は次項目で詳細にお話しします。

外来などでの血圧が高く、自宅血圧が正常なものは、白衣高血圧に分類されます。軽い高血圧の人のうち、２～３割の人がこのタイプであるといわれています。緊張やストレスにより交感神経が緊張し、その作用により血管が収縮し血圧が上昇するのです。その克服法は、なかなか難しいのですが、なるべく血圧を測る機会を増やして、血圧測定に慣れてストレスや不安を感じないようにすることが大切です。このタイプの高血圧は、ほとんどが病気ではありません。

外来などでの血圧が正常で、自宅血圧が高くなる状態を、仮面高血圧と呼んでいます。仮面高血圧の原因は、加齢による動脈硬化、心臓・腎臓などの障

高血圧の4つのタイプ

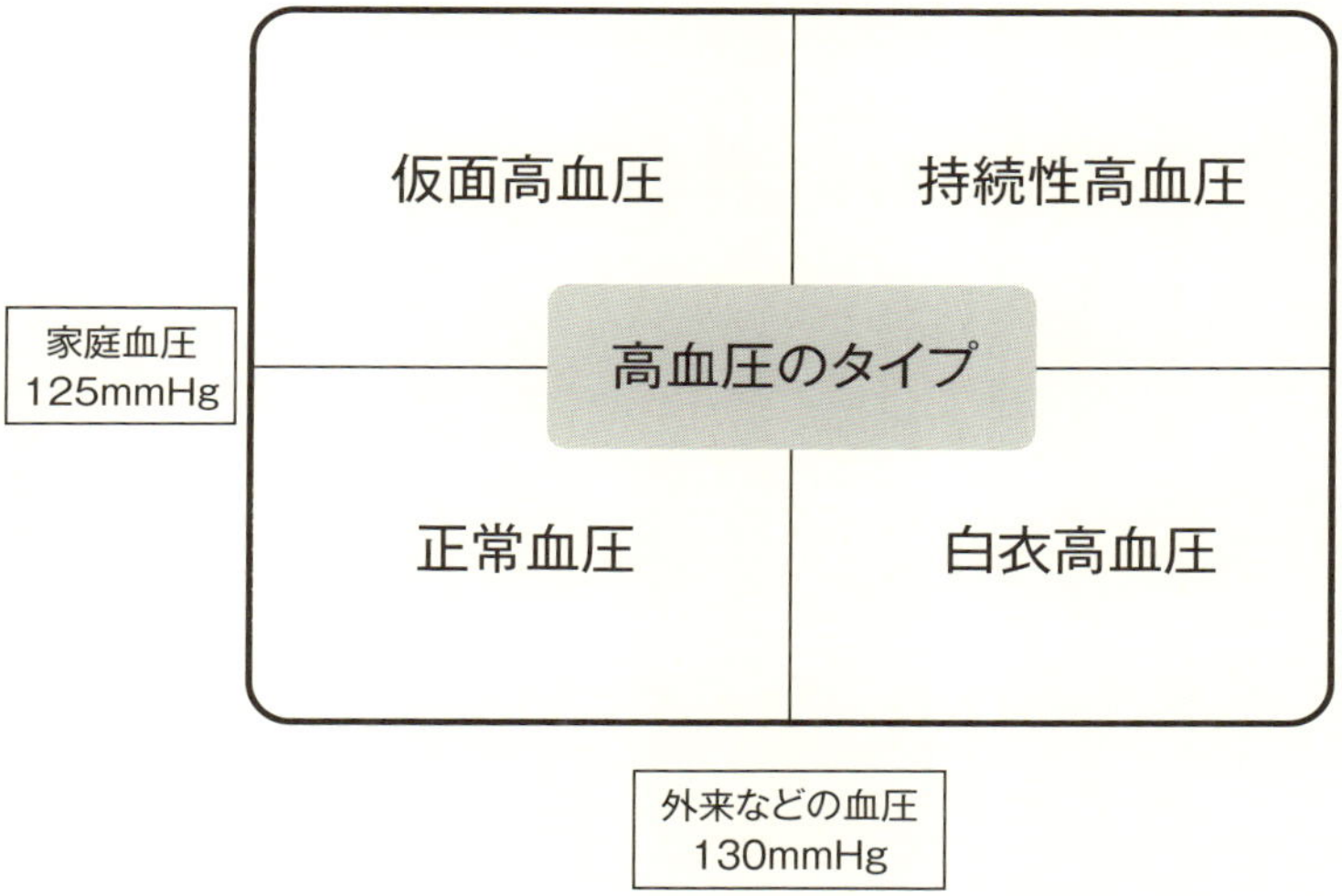

害、喫煙量が多い、日ごろから強いストレスがあるなどがあげられます。このタイプは、脳卒中や心筋梗塞を起こしやすいので注意が必要です。このなかには、早朝高血圧も入っています。

高血圧と指摘されたら、自分がどのタイプの高血圧であるか、把握することが大切です。

14 血圧でわかる危険な病気

持続性高血圧には、どのようなものがあるのでしょうか。このタイプの高血圧は、一次性（本態性）高血圧と二次性高血圧に分類されます。

一次性高血圧とは、原因がよくわからない高血圧のことを指します。しかし、多くの場合にはストレスや運動不足のほか、肥満や塩分の過剰摂取という生活習慣病がベースにあるとされています。そのほかに、遺伝や環境によるものがあります。遺伝では、子供が高血圧になる確率は、両親ともに高血圧の場合には約50％、両親のどちらかが高血圧では約33％、ともに高血圧でない場合には約5％といわれています。また、環境が関わるものの多くは、生活習慣に関連しており、喫煙、塩分摂取過剰、肥満などがあります。

2次性高血圧は、特定される原因があり高血圧をきたすものを指します。最も頻度が高い疾患は、腎性高血圧で、腎臓病（糖尿病性腎不全、糸球体腎炎、腎硬化症、多発性腎嚢胞）といった基礎疾患があります。腎臓病の発症を予測し、予防することは困難であるため、人工透析が必要となる末期腎不全への移行を防ぐためにも、高血圧の治療は重要です。その他には、腎血管性高血圧があり、これは腎臓に流れ込む腎動脈が狭くなり、腎臓からレニンというホルモンが分泌され、強力な血圧を上昇させる物質であるアンギオテンシンⅡがつくられて高血圧になります。腎動脈が狭くなる原因の多くは中高年

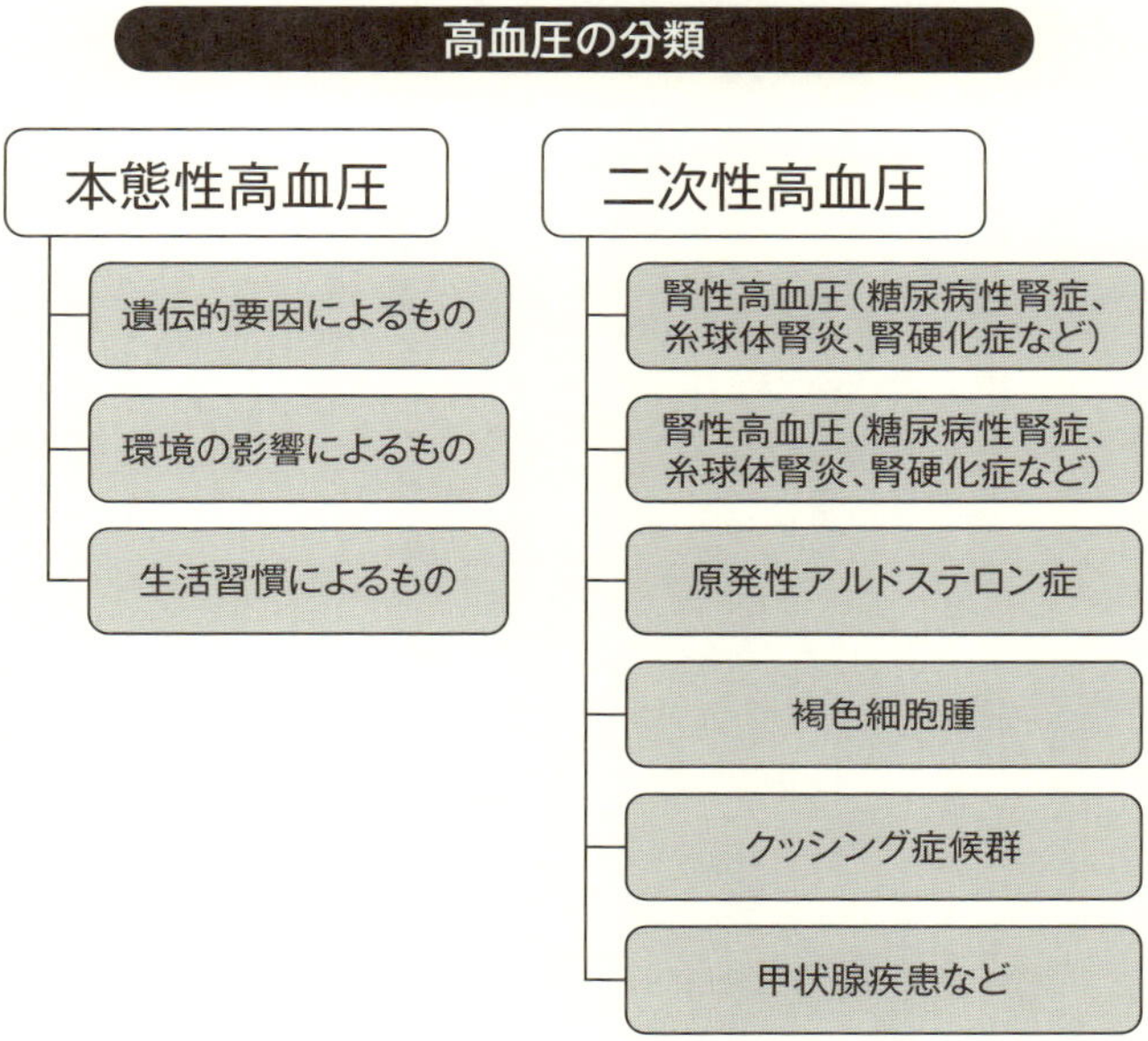

における動脈硬化であり、残りは比較的若年にみられる繊維筋性異形成や塞栓、大動脈炎があげられます。

ホルモンの異常産生によるものは、原発性アルドステロン症、褐色細胞腫、クッシング症候群があります。原発性アルドステロン症は、副腎皮質からアルドステロンというホルモンが、副腎に腺腫などができ過剰に産生され、高血圧や筋力低下をきたす病気です。大半の人は無症状なので、注意が必要です。褐色細胞腫は、副腎髄質から分泌されるカテコラミンというホルモンが過剰に産生される病気です。

クッシング症候群は、副腎皮質より産生されるコルチゾールというホルモンが過剰に作られる病気です。副腎皮質と連動している下垂体の腺腫や、副腎腺腫が原因の大半を占めます。30〜40歳代に好発し、女性に多い特徴があります。

そのほかに、甲状腺疾患、副甲状腺疾患、大動脈炎症候群、睡眠時無呼吸症候群、さらには薬剤などが高血圧の原因となります。

15 なぜ血圧が高くなると怖いのか

高血圧の治療を受けている人は、世界で10億人以上といわれています。特徴的な症状はなく、「肩がこる」、「首筋が重い」、「何となく頭が重い」といったものが多く、高血圧に気付かず放置していることがあります。

高血圧は、早期に発見し、生活習慣を改善し治療を受ければ、決して恐ろしい病気ではありません。しかし、そのまま放置していると、いろいろな合併症があることが問題なのです。合併症としては、心筋障害、脳血管障害、腎障害、血管障害があり、命に関わることが多いのです。

高血圧が続くと、心臓は過度には働こうして心臓の筋肉を大きくし、心肥大となります。心肥大が進行していくとエンジンがオーバーヒートするように、心臓のポンプ力そのものが落ちてきます。こうなると、足が浮腫んだり、胸のレントゲン写真で肺が白くなり息苦しいといった症状がでてきます。この状態は、うっ血性心不全であり、早急に治療する必要があります。また、動脈硬化も進行するので、狭心症や心筋梗塞などの病気になる可能性があります。

高血圧では、血管への圧力が強くなるため、それに対応するため血管の壁が厚くなり、血管は徐々に弾力性を失っていきます（動脈硬化）。そうすると、血管が脆くなり、破綻しやすくなり、出血がおきたりもします。高血圧の影響は、血管がたくさん集まっているところで強くでてきます。特に、脳、心

高血圧にともなう合併症

1. 脳に起こる合併症
   脳梗塞・脳出血・クモ膜下出血

2. 心臓に起こる合併症
   狭心症・心筋梗塞・心肥大・心不全

3. 腎臓に起こる合併症
   蛋白尿・慢性腎臓病・腎不全

4. その他
   眼底出血・網膜静脈閉そく症
   大動脈瘤・大動脈解離
   末梢動脈疾患

臓、腎臓、目の網膜などでおこります。脳で血管の破綻が起こると脳出血になり、眼底で起こると眼底出血がおこり、失明することもあるのです。

高血圧に生活習慣病である糖尿病や高脂血症などがおこると、血管の内面を覆っている内皮細胞が障害をうけ、血管の内壁にコレステロールなどがたまり血栓（血の塊）ができて、末梢への血液が滞り、梗塞を引き起こします。その結果、その先にある臓器に酸素や栄養分が届かず、臓器が死んでしまいます。これが、心筋梗塞、脳梗塞という恐ろしい病気になります。また、動脈硬化により血管壁がボロボロの状態で高血圧が継続すると、動脈瘤が血管にできることがあります。さらに、大動脈のように強い圧力がかかる場所では、解離性大動脈瘤ができることがあります。解離性大動脈瘤は、適切な治療をおこなわないと、動脈が破裂して瞬時に死亡してしまうことがあります。

16 血圧が低いのも問題である

高血圧は、きちんと治療しないと大変なことになることが理解いただけたと思います。一方で、低血圧に関しては意外と病気とは思っていない人が多いのです。低血圧のために、「朝爽やかに起床できない」、「頭痛がある」、「疲れやすい」などの症状は、体質なので仕方がないと諦めている人がいます。最近、低血圧のなかには、普段からの頭痛や眩暈（めまい）などに加えて、脳梗塞などの一因にもなることがわかってきました。さらに、認知症、過敏性大腸炎、不妊症、関節リウマチなどとの関連も指摘されています。

低血圧は、厚生労働省によると最高血圧が90ｍｍＨg以下とされています。しかし、症状の出現の有

低血圧の症状

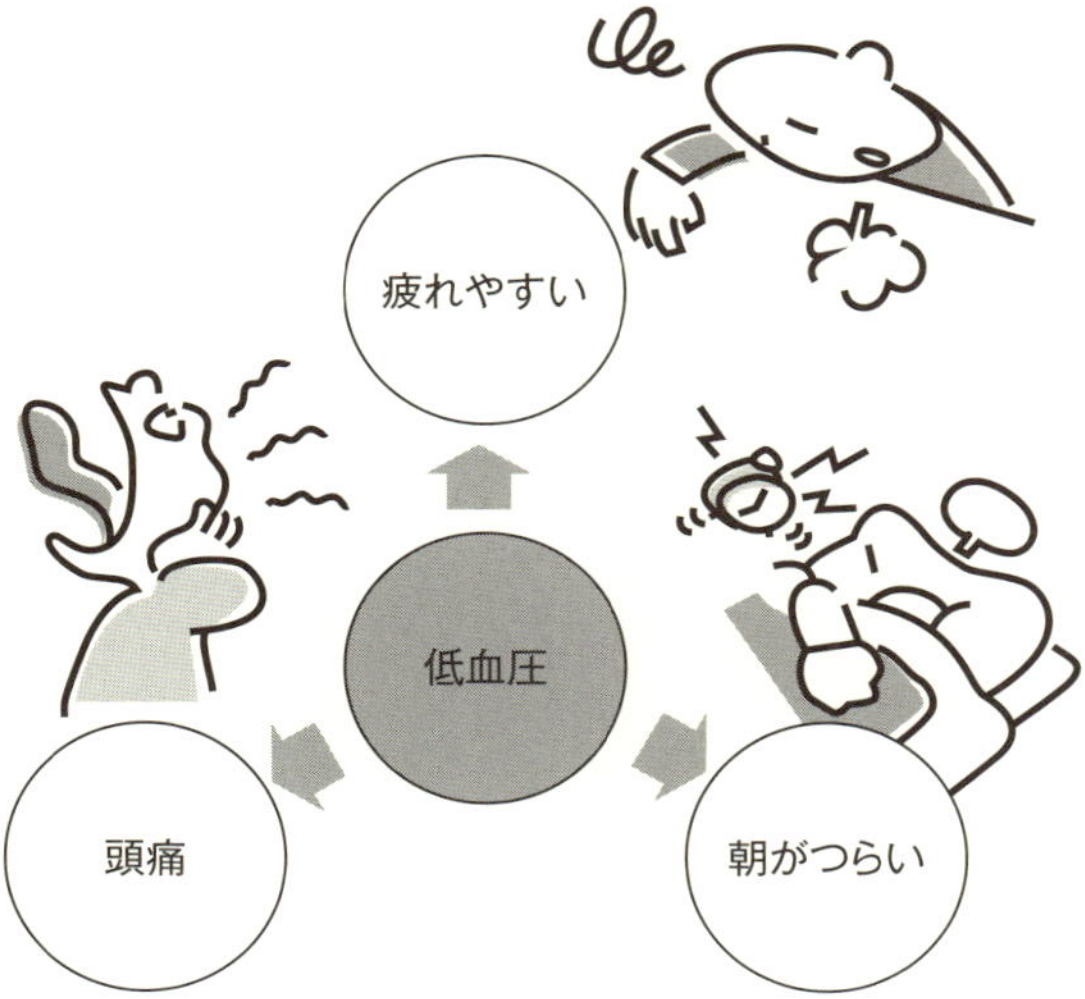

無には個人差があり、血圧が低くても日常生活が支障なければ、高血圧のように治療をおこなう必要はありません。

低血圧によってもたらされる体の不調は、普通に生活を送ることに大きな支障となってきます。朝起きられなくて、「さぼり病だ」といわれたりする人もいるでしょう。低血圧について周囲の人にも理解してもらい、自分でもしっかりと低血圧を理解し、対策を講じていく必要があるのです。

低血圧では、血圧にともなった症状のほかに自律神経に障害が起きるため、皮膚にも症状がでます。具体的には、肝斑（かんぱん）、過敏肌、円形脱毛症などがあります。

いままであまり
気にしなかった
けれど低血圧なのも
問題なんだね！

17 低血圧の分類とその対策を知っておこう

低血圧は、いくつかに分類されており、原因や症状が異なることがあります。

本態性低血圧とは、低血圧となる原因がはっきりせず、血圧が正常よりも低いものをいいます。若い女性や痩せている人に多くみられます。

症状は、倦怠感、疲れやすい、眩暈（めまい）、立ちくらみ、頭痛、食欲不振、寝起きの悪さ、不眠、肩こり、発汗、動悸など様々です。本人は、つらいかもしれませんが、命に関わることはなく、通常は経過を観察することで問題がないようです。

一方、症候性低血圧とは、何らかの原因があっておこります。

急性低血圧の原因は、出血・脱水など循環している血液量の減少や重症感染症（敗血症）によるショック、心臓の機能低下、薬物中毒などがあります。症状は急激におこり、ショック症状、意識障害など、早急に処置する必要があります。

慢性低血圧は、眩暈や倦怠感など本態性低血圧と同様の症状ですが、原因となる病気を診断・治療すれば、病態は改善します。原因がわからず症状が継続する場合には、医療機関に相談することが大切です。

起立性低血圧は、急激な体位の変換により急性に症状が出現します。特に、子供や若い女性で多くみられます。急に起き上がったときに、目の前が真っ暗になるのもこのタイプの低血圧です。この時に

低血圧の分類

	本態性低血圧	症候性低血圧		起立性低血圧
		急性	慢性	
原因	不詳	出血・脱水 敗血症性ショック 心臓機能低下 薬物中毒	薬剤 (降圧剤・抗うつ剤)	自律神経
対策	不詳	原因の排除	原因の排除	水分摂取 (1.5L/日程度) 塩分摂取 (10-15g/日)

は、血圧は20mmHg以上低下します。

　また、起床直後は交感神経の働きが不十分なため、朝はぼんやりすることが多くなります。これは、生活習慣を改善し、規則正しい生活リズムを取り戻すことにより、かなり改善が期待できます。

　低血圧の予防としては、自律神経のスイッチをうまく切り替えることが大切です。このためには、夜に興奮することを減らし、早めの就寝が大切で、朝は早起きするのがいいでしょう。

　また、起きたらシャワーを浴びて、朝食をしっかりとることが大切で、そのことにより交感神経の働きが高まります。

　さらに、朝起きた時にコップ2杯程度を目安に定期的に水分を摂取すると、血圧が上がる効果が期待できます。

18 高血圧と言われたらどうしますか？

血圧とはなにを意味しているのか、その測定意義とその測り方、高血圧の裏に潜む様々な病気や生活習慣の大切さなどをお話ししてきました。しかし、どれほど注意をしても、年齢とともに血圧は高くなってきます。高血圧を指摘された時に、どのように対処していけばいいのでしょう。

高血圧は、本態性高血圧と2次性高血圧に分類されます。その頻度は、大部分が本態性高血圧です。

高血圧が指摘されてから治療に至るまでには、3つの段階があります。それぞれについてお話ししていきましょう。

血圧を測定して、高血圧といわれたら、まずは生活習慣を調べることが重要です。さらに、血圧は変化するので、時間を決めて測定することが大切です。特に、朝起床時と、夜寝る前の2回は少なくとも測り、記録する意識をもつことです。

生活習慣で見直すべき点は、8項目あります。

●塩分の摂りすぎはないか

日本人は、塩分を過剰に摂取しています。保存食としての漬物、味噌に加え、醤油など塩分が多く含まれています。「家庭の味」として塩辛いものを食べ慣れると、知らず知らずのうちに塩分の過剰摂取に陥り、年齢を重ねると、舌が味覚を覚えているため、減塩食にするのは困難です。このため、味は同じにして、量を控える工夫がいいかもしれません。

●脂肪分の摂りすぎはないか

高血圧の分類

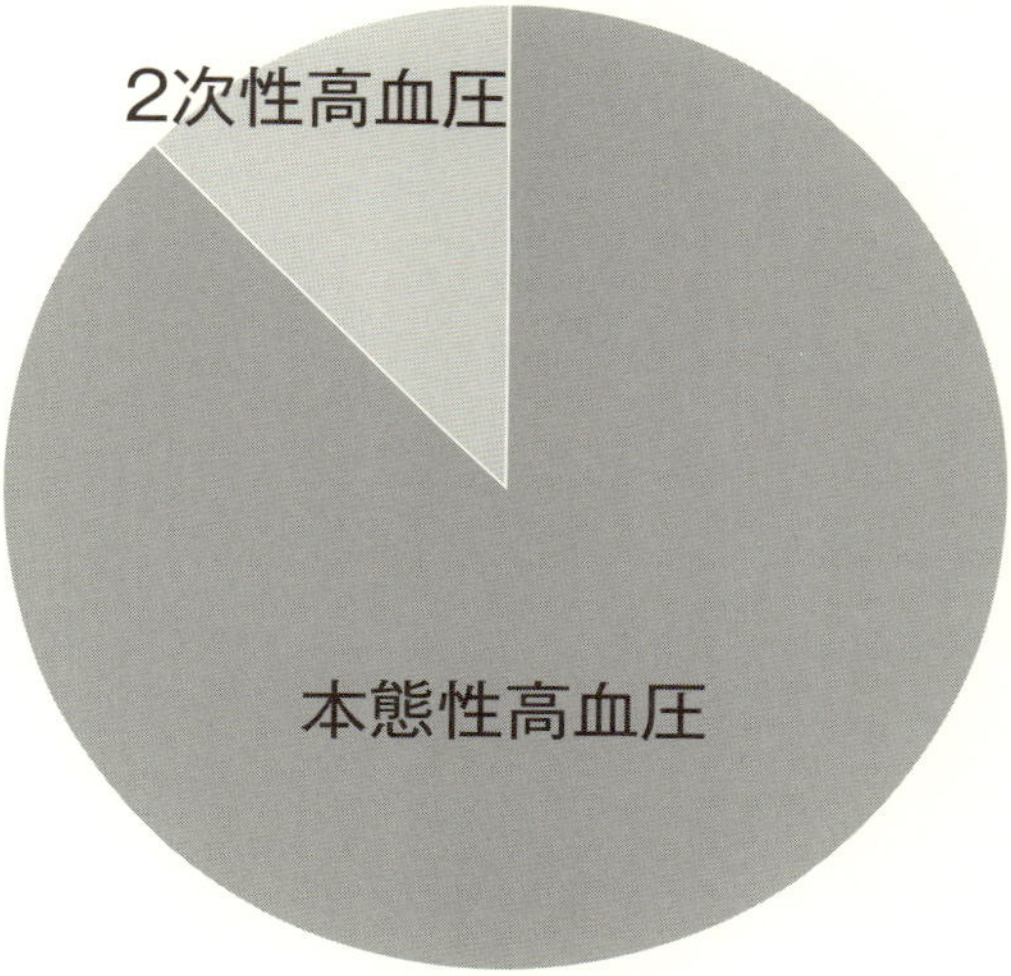

生活習慣で気をつける点

脂肪といっても、すべてが悪いわけではありません。基本的には、室温で固まる脂肪がよくありません。具体的には肉、特に「霜降り」などグルメといわれる食材がよくないようです。植物性油をうまく使用すべきでしょう。

●バランスの良い食事ができているか

偏食がよくないのは当然です。また、「ジャンク・フード」といわれるものは避けるべきです。野菜をしっかりと摂取し、植物繊維も併せて摂るように心がけることが大切です。

●アルコールは適量に抑える

すでにお話ししたように、酒であれば1合、ビールなら1本に抑えて、飲酒することをお勧めします。「暴飲暴食」はもってのほかです。

●睡眠をしっかりとる

ストレスや不安があると、良質な睡眠はとれません。しかし、現代社会において、これらを回避することは困難です。体を動かすこと、入浴などで心をリフレッシュするなどの対策をとることが重要です。

●喫煙をしているか

禁煙することが、本人だけでなく周りの人への受動喫煙の問題からも大切です。

●日常的に運動をおこなっているか

毎日、有酸素運動を一日に30分以上行うことが大切です。

●適正な体重を維持しているか

肥満にならないように、日々の生活を注意して過ごしましょう。

一口メモ

まずはしっかり自分の生活習慣を見直すことからはじめよう！

19 高血圧のリスク管理のためのフローチャート

高血圧と言われたら、少なくとも1カ月間は規則正しい生活をして、血圧の変化をみてください。その上で、血圧が下がらない、あるいは高くなるようなら、病院を受診して検査を受けることをお勧めします。ただし、最高血圧200mmHgをこえるなど、血管に重篤なダメージを及ぼし脳卒中など重篤な病気を引き起こす恐れがあるときには、直ちに治療する必要があることはいうまでもありません。

血圧が下がらないときに、病院で検査する主な目的は、高血圧が本態性高血圧なのか2次性高血圧であるかを判別することです。検査により本態性高血圧と判明すれば、医師の指示にしたがい高血圧の重症度や合併症の有無により、薬による降圧治療がおこなわれます。

その際に、高血圧患者のリスク管理をする必要があります。そのために、皆さんにも簡単にできるフローチャートがあります。高血圧の人は、これからどのように対応すべきかを知ることで、治療に参画できるのではないでしょうか。

フローチャートに従い、大きく分類すると、高リスク、中等リスク、低リスクに分けられます。治療の緊急度が判断できますので、参考にしていただきたいと思います。

そして、病院で治療を受けたのちに、血圧が安定してくれれば、「かかりつけ医」に紹介してもらい、治療が継続されることになります。

高血圧の管理のためのフローチャート

(1)血圧が140/90mmHg以上で、下記のうち1つでも当てはまるものがありますか？

糖尿病/脳卒中/無症候性脳血管障害/一過性脳虚血発作/左室肥大/狭心症/心筋梗塞/冠動脈再建術/心不全/蛋白尿/低eGFR/慢性腎臓病/糖尿病性腎症・腎不全など/動脈硬化性プラーク/頸動脈内膜壁肥厚/大血管疾患/末梢動脈疾患/高血圧性網膜症

YES → 高リスク

NO ↓

(2)該当するものをあげてください(3つ以上当てはまりますか？)

①65歳以上である
②脂質異常がある（HDLコレステロール 40mg/dL未満、LDLコレステロール 140mg/dL以上、中性脂肪 150mg/dL以上のいずれか）
③喫煙する
④肥満（BMI　25以上、特に内臓脂肪型肥満）
⑤血縁家族に50歳未満で心血管病がある
⑥メタボリック症候群である

YES → 高リスク

NO ↓

(3)血圧が180/110mmHg以上ですか？

YES → 高リスク

NO ↓

(4)(2)の項目で該当した数はいくつですか？

1つまたは2つ⇒YES、なし⇒NO

YES ↓

(5)血圧は160/100mmHg以上ですか？

YES → 高リスク

NO → 中等リスク

NO ↓

(6)該当するものをあげてください

①腹腔内脂肪蓄積（ウエスト周囲径　男性 85cm以上、女性　90cm以上）
②血圧（収縮期血圧　130mmHg以上 and/or　拡張期血圧　85mmHg以上）
③中性脂肪　150mg/dL and/or　低HDLコレステロール　40mg/dL未満
④空腹時血糖　110mg/dL以上
これら4項目全てが当てはまりますか？

YES → 高リスク

NO ↓

(7)(6)の項目で

①＋②に加えて、③もしくは④がありますか？

YES ↓

(8)あなたの血圧は160/100mmHg以上ですか？

YES → 高リスク

NO → 中等リスク

NO ↓

(9)あなたの血圧は160/100mmHg以上ですか？

YES → 中等リスク

NO → 低リスク

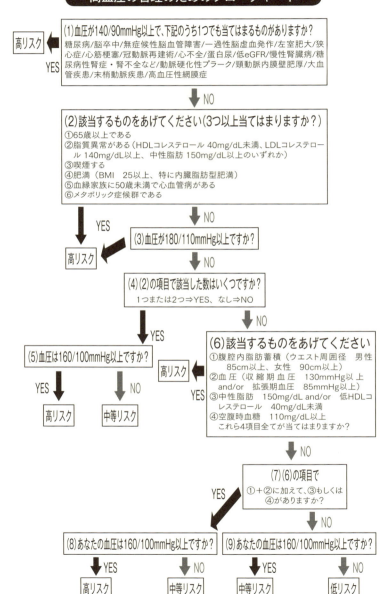

高血圧の治療指針

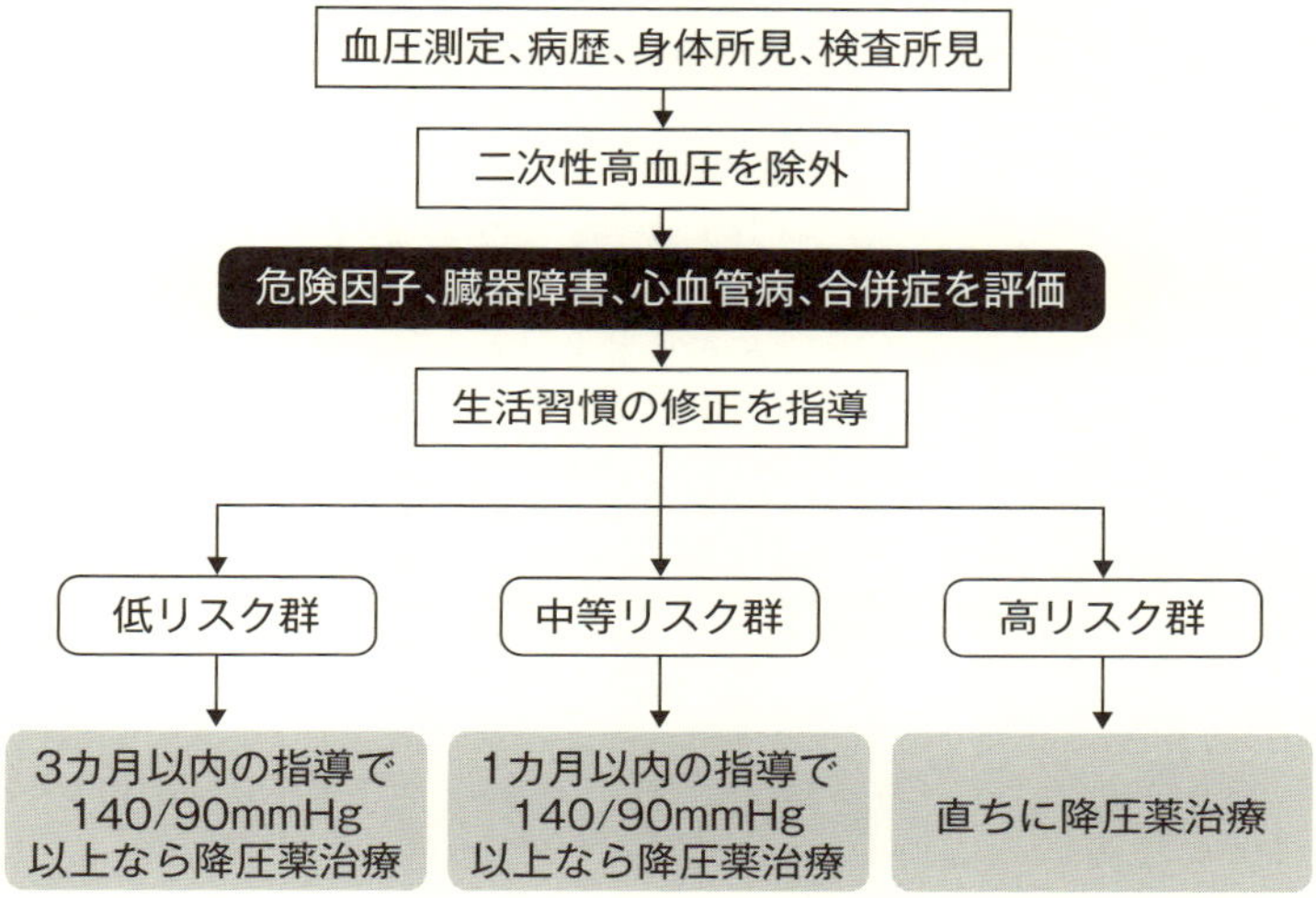

出典：公益財団法人日本心臓財団HP

２次性高血圧であれば、原因となった疾患の治療が最優先されます。慌てて降圧剤を投与しても治療効果が乏しいことが多く、薬の副作用が前面に出て合併症を引き起こす危険があります。

そもそも、このタイプの高血圧は、原因の病気を治療しなければ、治せない高血圧であることを認識すべきです。

まずは、高血圧の原因となっている病気を特定し、それに対する治療として、手術や内服治療を行うことで、高血圧の治療は行わなくても治せることがあるのです。

しかし、原因疾患を治療しても、まれに高血圧だけが残ってしまうことがあります。この場合には、本態性高血圧と同様に生活習慣を見直し、内服治療をする必要があります。

20 血圧のコントロールと血圧を下げる薬

高血圧と診断された時には、安易に降圧剤による治療を考える前に、生活習慣を改めることを考えるのが第一です。食生活の改善、環境の整備に努力し、心の安定を図るような生活設計を考える必要があります。

また、高血圧は、あまり自覚症状がないため、「このくらいなら大丈夫だろう」と自己診断することなく、自分でも血圧を管理し、高血圧の原因にはいろいろありますので、まずは医師に相談してください。

「最近、肩がこるようになって、マッサージにいったが、よくならない」といった人が、健康診断を受けたところ最高血圧が２００ｍｍＨｇを超えているようなことがあります。このような状況に、もし動脈硬化が加わると、いつ血管が破れて脳出血を起こしても不思議ではありません。

一定期間、生活習慣の改善を行っても血圧が下がらない時には、降圧剤を使用することになります。これを未然に防ぐことが重要で、予防を含めた対策を第一に考えて行動することが大切です。高血圧と生活習慣の関連については、後で詳細に述べることにします。

まず生活習慣の改善を試みたのちでも血圧が改善しないときには、降圧剤を用いた治療を行います。高血圧の治療は、基本的には内服薬を用います。薬は、服用してもすぐに効果が出るわけではなく、高

降圧剤の作用機序と副作用

	降圧剤の種類	使用対象者	副作用・注意点
血管を拡張させる	カルシウム拮抗剤	高齢者 糖尿病、狭心症 脳卒中の既往者	顔が赤くなる、むくみ、動悸 グレープフルーツは、降圧効果が増強するので避ける
	ACE 阻害薬	高齢者 糖尿病、高脂血症 心血管病、腎障害のあるひと	空咳 妊娠中は使用できない
	アンギオテンシンⅡ受容体拮抗薬（ARB）	高齢者 糖尿病、高脂血症 心血管病、腎障害のあるひと	副作用はほとんどない 妊娠中は使用できない
	α遮断薬	ストレスの多い人 前立腺肥大のある人 早朝高血圧	起立性低血圧
血流を減らす	β遮断薬	若年・中年層の人 ストレスの多い人 心血管病のある人	脈が遅くなる、房室ブロック 喘息発作の誘発
	利尿薬	高齢者 塩分摂取の多い人 他の薬では十分な効果がえられない人	低カリウム血症、高尿酸血症 糖尿病、脱水 （痛風や糖尿病のある人には使用できない）

血圧は簡単に治るものでもありません。

血圧が安定したら、勝手に薬の服用を中止する人がいますが、それは大きな間違いです。血圧が安定したのは、薬を服用しているからで、高血圧は生活習慣の改善などがあった場合を除いて治ることはありません。

また、治療期間は長くなりますので、内服中の薬にどのような副作用があるのかを理解しておくことも必要になってきます。

薬を服用するときには、その副作用が心配だという人を多く見かけます。しかし、高血圧の治療をしたほうが、無治療例に比べて脳卒中や心臓病、さらには全体の死亡率も少ないことが知られています。

したがって、副作用のリスクと血圧を下げることの利点を考えた時には、治療すべきであると考えるべきです。

血圧を下げる薬（降圧剤）には、大きく分けて6種類ありますが、それぞれに一長一短があります。ここでは、それぞれの特徴と注意すべき副作用についてお話しします。

まず降圧剤は、大きく分けて2つに分類されています。ひとつは、血管を拡張させる作用があるもので、カルシウム拮抗剤、アンギオテンシン変換酵素（ACE）阻害薬、アンギオテンシンⅡ受容体拮抗薬（ARB）、α遮断薬があります。もうひとつは、血流を減少させる働きがあるもので、β遮断薬と利尿薬があります。

日本でよく使用されているものは、カルシウム拮抗剤で、血管を収縮させるときに必要なカルシウムの働きを抑制します。いろいろなタイプの高血圧に効果があり、特に高齢者でも安心して使用できるすぐれものです。高脂血症や糖尿病を持った人にも安心して使用できます。副作用はほとんどありません。

次によく使用される薬は、ARBです。この薬は、アンギオテンシンⅡの血管収縮を抑えることにより、血圧を下げます。心臓の機能を保つため、カルシウム拮抗剤と一緒に用いられることが多い薬です。

ただし、この薬は妊婦や授乳婦には使用できないほか、重症肝障害や腎障害がある時には注意して投与する必要があります。

ACE阻害薬もARB同様、アンギオテンシンⅡの生成を抑制し、血圧を下げます。この薬の副作用として、空咳が有名です。この副作用は日本人が報告したものです。また、この薬は、妊娠中あるいはその恐れのある人には使用できません。

α遮断薬は、交感神経の刺激を抑えることにより、血管を拡張させます。ストレスの多い人に適していますが、効果がでない人もいることは認識しておく必要があります。

さらに、この薬には、起立性低血圧を起すことがあるため、もともと起立性低血圧がある人には使用できません。

血流を減少させる薬としては、β遮断薬と利尿薬があります。

前者は、心臓に多く分布しているβ受容体の働きを抑え、循環血液量を減らし血圧を下げます。この薬もストレスの多い人に有効とされています。

後者は、尿量を増やすことにより血液量を減らして血圧を下げます。しかし、低カリウム血症、糖尿病、高尿酸血症、高脂血症を引き起こすことがあり、注意が必要です。日本では他の降圧剤と併用することが多いようです。

このように血圧を下げる薬も多種多様であり、薬の効能・副作用を十分に理解したうえで、個々の患者に合わせたテーラーメイドの使用が望まれます。

21 高血圧の治療はどうするの

高血圧の治療は、まず2次性高血圧の除外診断を行いながら開始していきます。

検査で2次性高血圧の可能性がなくなったときには、高血圧の治療の一環として生活習慣の改善を行うことが第一です。その後、目標血圧に到達しない時に初めて薬剤の投与になります。

一般的には、目標血圧は140／90mmHgを一つの基準としますが、糖尿病や慢性腎臓疾患を有する場合には130／80mmHg未満にします。糖尿病や慢性腎臓疾患では、動脈硬化の進行が速いため厳格に治療をしなければ、血管が「ボロボロ」であるため、脳卒中など様々な合併症を引き起こしやすいからです。

高血圧で治療となると、内服薬が主体になります。まず使用する薬剤（第一選択薬）としては、血管を拡張させる作用のあるカルシウム拮抗剤、ACE阻害薬、アンギオテンシンⅡ受容体拮抗薬（ARB）、あるいは血流を減少させる作用のある利尿薬などがあげられます。

しかし、単剤では十分な降圧効果を得られることは少ないため、2剤の併用が現在では主流となっています。その推奨される組み合わせは、左図に示した通りです。組み合わせについては、患者の状況にあわせて、患者と相談しながら主治医が決めていくことになります。

降圧剤の適した組み合わせ

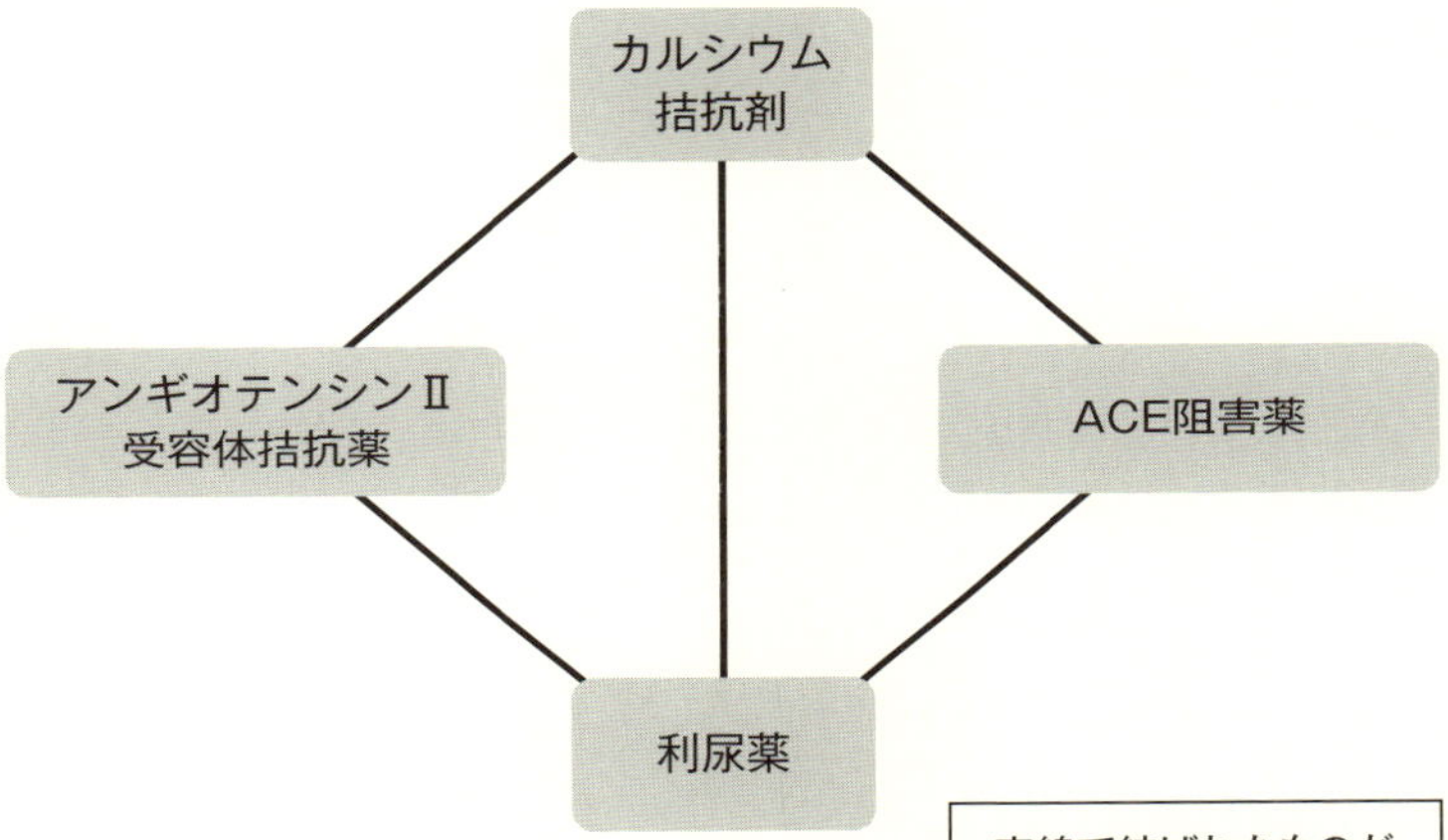

実線で結ばれたものが
至適な組み合わせ

22 2次性高血圧にはどのようなものがあるのだろう

2次性高血圧の特徴は、重症な高血圧、降圧剤を投与しても効果が不十分、急激な高血圧の発症、比較的に若年でみられるなどがあります。このタイプの高血圧は、頻度としては多くはありませんが、的確に診断すると治療もできる可能性が高いので、知っておくことは大切です。

では、どのような疾患があるのでしょうか。それをまとめたものが左表です。

①腎実質性高血圧

2次性高血圧で、最も頻度が高い病気です。糖尿病性腎症、慢性糸球体腎炎、腎硬化症、多発性腎嚢胞などがベースにあり、高血圧になります。頻度は、全高血圧の2～5%を占めます。現時点では、原因となる病気の予測、予防は難しく、透析が必要となる腎不全への移行を防ぐことが重要で、そのためには血圧のコントロールが喫緊の課題となります。

②腎血管性高血圧

腎動脈に狭窄がおこり、腎臓からレニンというホルモンが分泌され、その結果、血圧を上昇させるアンギオテンシンⅡが産生されて高血圧になります。腎動脈が狭くなる原因の約70%が中高年における動脈硬化であり、残りは若年者にみられる繊維筋性異形成や大動脈炎などです。家族歴のない若年性高血圧、中高年での突然の高血圧の発症がみられ治療困難、腹部で血管雑音などを認めると、本症を疑いま

2次性高血圧の分類

原因疾患	症状・所見	必要な検査	主な治療
腎実質性高血圧	原疾患の症状が前面に 血清クレアチニン上昇・蛋白尿・血尿	腎生検・超音波・腹部CT	原疾患の発症予測・予防は困難 血圧のコントロールが主体
腎血管性高血圧	中高年で急激な高血圧 腹部の血管雑音	レニン測定 血管造影による狭窄の確認	ステントなど外科的治療が困難な場合にはACE阻害薬、ARB薬
原発性アルドステロン症	筋力の低下、大半は無症状 低カリウム血症、血中アルドステロン濃度の上昇	腹部CTなど	腺腫では外科的治療 副腎過形成では利尿剤を中心に内科的治療
褐色細胞腫	発作性、動揺性高血圧、動悸、頭痛、多汗	腫瘍は大きくCT等で診断が容易	外科的治療
クッシング症候群	中心性肥満、満月様顔貌、多毛など	血中コルチゾール高値、部位診断のためCT等	下垂体腺腫、副腎腺腫は外科的治療で予後良好副腎がんは予後不良

す。

治療は、ステントという血管の管腔の内部から広げる医療機器を使用して行ない、治療成績は良好です。医療技術の進歩や薬の使用により、予後はよくなっています。

③原発性アルドステロン症

副腎皮質からアルドステロンというホルモンが過剰に産生される病気です。以前は、頻度が少ないと考えられましたが、診断の進歩により高血圧の10％前後と決して少なくありません。このホルモンの働きにより、高血圧、筋力低下、低カリウム血症などがみられますが、無症状もあるので注意が必要です。原因が、副腎腺腫では外科的治療となりますが、副腎過形成のときには利尿剤を用いた内科的治療になります。予後は、一般的には良好といわれています。

④褐色細胞腫

副腎髄質から、カテコラミンという血圧を上げるホルモンが、過剰に分泌される病態です。副腎髄質に悪性・良性を含めて産生腫瘍ができることで発症します。頻度は低く、全高血圧の0・1〜0・2％といわれています。男女差はなく、発症年齢も広範囲にわたっています。特徴的なことは、発作的に血圧が上昇することです。治療は、腫瘍の摘出になります。

⑤クッシング症候群

副腎皮質からコルチゾールというホルモンが過剰に作られることによりおこります。大半は、脳下垂体腺腫と副腎腺腫が原因です。頻度は、全高血圧の0・1％以下であり、30〜40歳代の女性に多くみられます。高血圧のほか、コルチゾールによる躯幹を中心とした肥満、満月様顔貌、多毛などがみられます。治療の原則は、外科的に腫瘍を摘出することです。

これらが2次性高血圧の主たるものですが、これら以外に甲状腺疾患、副甲状腺疾患、睡眠時無呼吸症候群、大動脈炎症候群などもありますが、頻度はきわめて低いものです。

一口メモ

2次性高血圧は的確な診断で治療できる可能性が高いのでよく知ることが大切だ！

第3章

血圧を正しく測るのは結構難しい

23 血圧は「いつも変化している」

血圧を知ることは、日常診療においては「診察のイロハ」に相当するもので、病院を受診されたときには必ず測定していると思います。注意しなければいけないのは、血圧は測定条件によってかなり異なってくる、つまり、血圧は、いろいろな要因で変化するのです。急いで走ってきて血圧を測定したり、精神的に緊張状態にある場合には、血圧は高く表示されます。

また、一日のなかでも血圧は変化しますので、いつ測定したかを知り、少なくとも朝夕2回は調べておいたほうがいいでしょう。

さらに、天候や気圧の変化にも影響を受けます。血圧は、いつも同じと思っている人もいるのではないかと思います。実は、そうではありません。

正しい情報を医師など医療者に伝えなければ、間違った診断・治療を受けることがあることを肝に銘じて、病院や診療所を受診することが大切です。

血圧の一日の変化を見てみると、自律神経が大きく関与しており、朝から日中にかけては活動状態にあるため交感神経が優位に働いており、血圧は高くなります。一方、夜から睡眠中にかけては通常は休息状態になり、気分はリラックスしていますので、副交感神経が優位となり血圧は低下します。

環境も、血圧に大きな影響を与えることを知っておく必要があります。例えば、季節変動でみてみると、高温である夏は、体温を下げるために末梢血管

血圧の変動要因

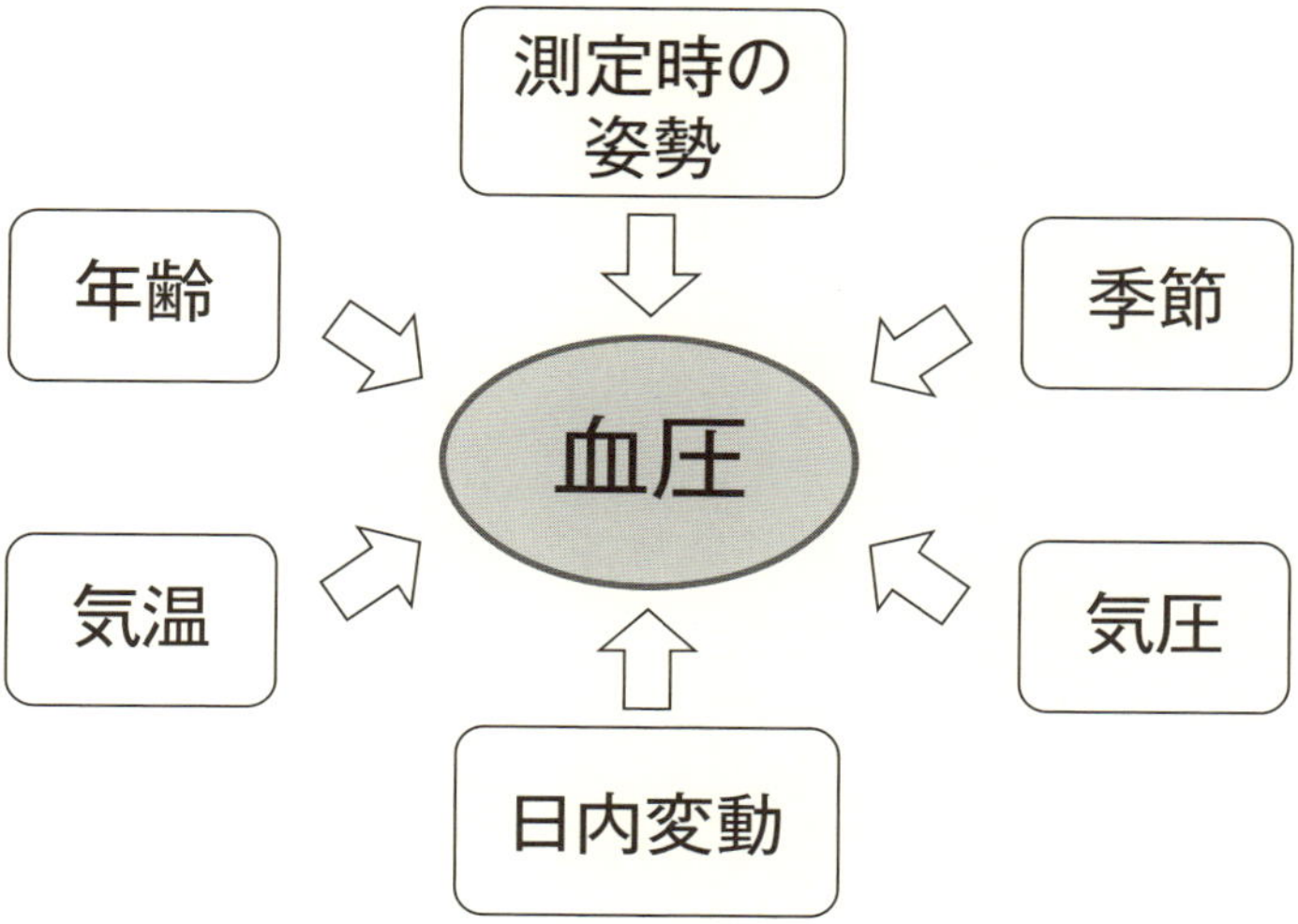

血圧の日内変動

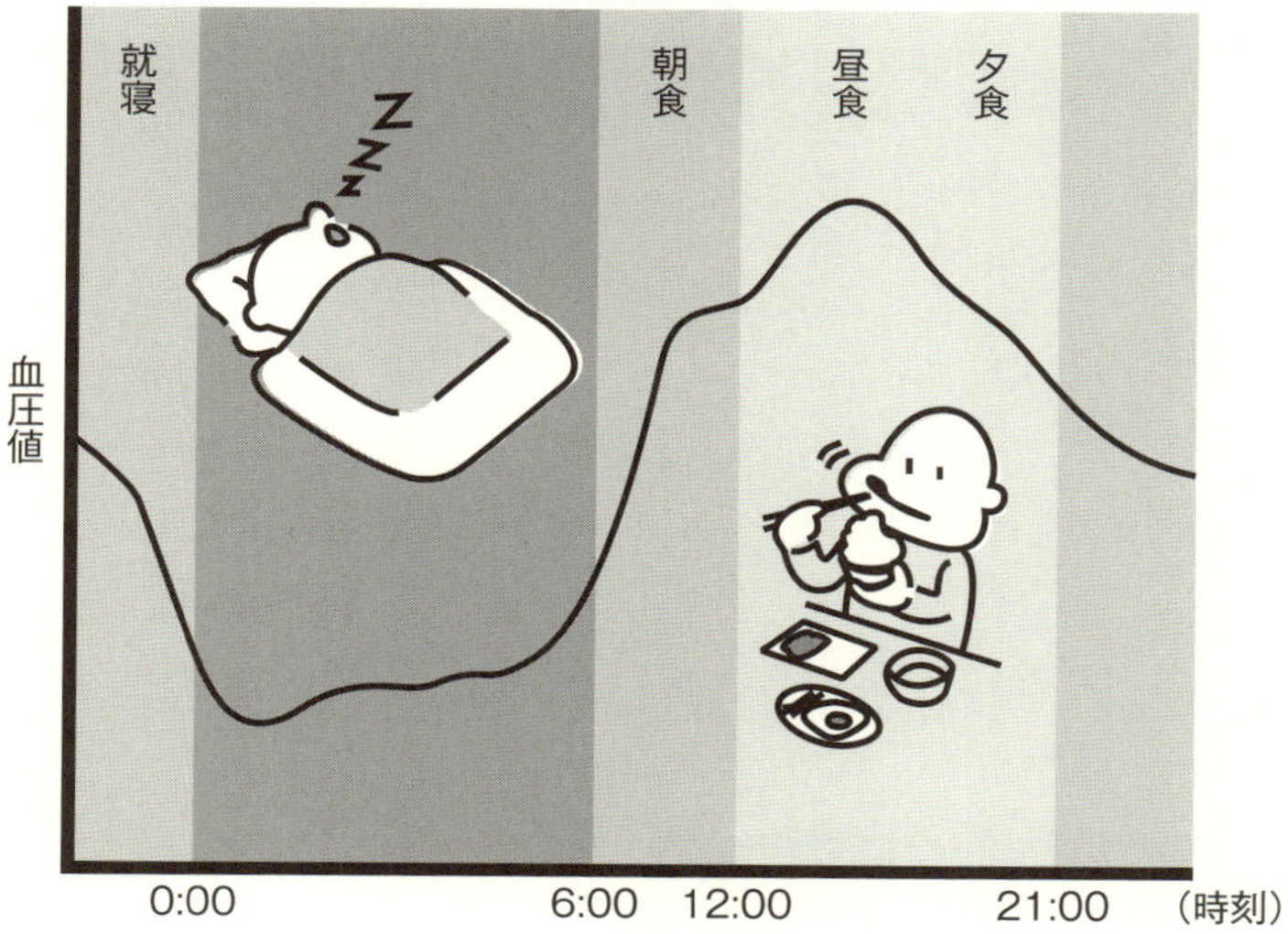

が拡張し血圧は下がります。一方、寒冷である冬には、体温を上げるため末梢血管が収縮し、血圧は高くなります。夏と冬の季節間では、血圧の差が10ｍｍＨｇ程度はあるといわれています。

また、気圧も血圧に影響します。高気圧の場合には、交感神経が過敏になり血管などが圧縮され、心拍数の上昇とともに血圧が若干高くなります。逆に低気圧になると副交感神経が優位になり、心拍数の減少と血圧の低下があるといわれています。高齢者や気圧に敏感な人、心臓など循環器系の働きが低下した人などでは、一般に気圧が１０１６ｈｐａ（ヘクトパスカル）が一番安定しているといわれています。気圧が、10ｈｐａ低下すると循環器系に悪影響を及ぼすことがありますので、台風や低気圧が近づいてきたときには注意が必要です。

一方、気温が血圧に影響を及ぼすことは理解しやすいと思います。10℃以下の寒冷になると血圧があがります。特に、トイレや入浴するときなどは、部屋を暖かくすることが大切で、皮膚を露出することで寒冷に暴露されると、露出部分の血管が収縮し、急激な血圧の上昇をおこし、脳出血などを引き起こす可能性があります。一昔前は、トイレが母屋から離れたところにあり、寒い時にトイレにいって脳卒中で倒れたということがよくありました。トイレや風呂などは、冬場はできるだけ保温に心がけることが大切です。

加齢によっても血圧は高くなります。また、女性は更年期の前までは男性より血圧は低めですが、更年期以降、すなわち50～60歳を過ぎると、男性とほぼ同じ血圧になってきます。

測定姿勢によっても血圧は変化します。立位、座位、臥位、の順序で血圧は高くなり、臥位で測定すると、立位に比較して収縮期血圧が10～15ｍｍＨｇ、拡張期血圧は10ｍｍＨｇ程度低くなります。

Column

心臓はどのようにして動いているのだろう

心臓は、ポンプとして体中に血液を送り続ける臓器ですが、心臓はどのようにして動いているのでしょう。

実は心臓は、刺激によって拍動するのですが、それを調整するものとして、刺激伝導系があります。これを構成する筋肉は通常の筋肉とは異なり「特殊心筋」と呼ばれており、刺激を伝えるいわゆる「電線」の役割をしています。

上大静脈と右心房の境界あたりに存在する洞房結節（とうぼうけっせつ）というところから拍動をおこさせる刺激がでます。この特殊筋肉は、心臓固有の心筋細胞より小さいことが知られています。この刺激は、右心房壁の心筋細胞を波状的に伝わり、この時に右心房が収縮します。そして、右心房の下方で心筋中隔近くにある房室結節に伝わります。

房室結節をでた刺激は、ヒス束に伝わり心室中隔に入ります。

ヒス束以降は右脚、左脚に分かれ心室の内面をおおうように張り巡らされています。その右、プルキンエ線維が足からの刺激を心室全体に伝えます。そして心室全体が収縮し、強い圧力で血液を押し出すのです。この枝が断裂すると、右脚ブロック、左脚ブロックという心電図上異常所見がでます。

心臓の拍動は、洞房結節が刺激を出す回数が70 ～ 80回／分と最も多く、これに合わせています。これらの刺激伝導系に異常がおこると、最悪の場合には心臓ペースメーカーの埋め込みを行うことがあります。

24 血圧はどのように測れば正しいのか

血圧計には、病院などで使用されている水銀血圧計と、家庭で用いる自動血圧計があります。ここでは自動血圧計の測定方法を話します。

腕に巻くカフ（マンシェット）は、幅が約13センチメートル、長さは22～24センチメートルのものを用います。市販されているものは、この規格にしたがっているので安心してご使用ください。

測定に際して気を付けることは、静かな部屋で、室温は20～25℃に保ち、寒さ・暑さを感じないような環境にします。血圧測定前には、お話ししたように、運動、食事、タバコ、寒冷暴露など血圧に影響することは避けてください。あらかじめ排尿し、安静を保ち、椅子に深く腰掛け背筋をまっすぐに伸ばすようにします。また、臥位の場合は、血圧が座位とは多少異なりますので、その旨を記録しておくことが大切です。

自動血圧計を、振動が少なく操作しやすい位置に置き、カフの空気を完全に抜いて、カフに装着されているマイクロフォンなど血圧を検出する装置が所定の場所に密着するように巻きます。その際には、ひじ関節を伸ばし、測定場所と心臓の位置が同じ高さになるように調整します。スイッチを押し、自動的に加圧された後、徐々に減圧され、出てきた結果を読み取ればいいのです。

血圧の測定に関しては、診察時の結果は安静時の血圧とは言い難いものがあります。そのため、自宅

血圧の正しい測り方

1. 朝の場合は、起床後1時間以内
晩の場合は、就床前
2. 排尿はすませてから
WC
3. 1～2分の安静の後
4. 食前、服薬前
5. 心臓と同じ高さ
6. 記録する

での血圧測定が重要になります。大切なことは、そのデータをグラフなどにして、かかりつけ医のところに持っていくことです。主治医にとっては、治療効果などを判断するための有効な参考データとなります。血圧を測定するときの留意点については、第1章に詳細に記載してありますので、参照していただきたいと思います。

大切なことは、各人が血圧を測定する目的をはっきり持つことです。日々のデータを比較し、生活習慣など自分で改善できることを認識し、自らが治療に参加する意識が大切です。そのためには、安静時の血圧を毎日調べ、その変化を確認することです。

また、日常生活において血圧が上昇しているか心配な時には、その度に血圧を測定してください。このように、「自分は何のために血圧を測定するのか」を、自分の中でしっかりと認識し、そのうえでの血圧測定が大切です。

25 血圧は1回測定して高いからといって高血圧とはかぎらない

診察室という慣れない環境で血圧を測定すると、個人差はありますが緊張して「ドキドキ」する方が多いのではないでしょうか。

これは体の中ではアドレナリンの分泌が増加して、心臓の拍出量が増え細動脈の血管が収縮していることを意味します。したがって、血圧が高くなります。つまり、診察室に入っていきなり血圧を測定されれば、血圧はふだんと比べてかなり高くなっていることが多くなります。その値を見て「あなたは高血圧です。治療しましょう」という医師がいれば、その判断は正しくありません。そのときには、深呼吸を2～3回行ない、気分を落ち着かせてからもう一度血圧を測ることが大切です。

血圧は一定ではないので、一度の測定では血圧を判断するのは正しくありません。なぜなら、血圧は運動、食事、ストレス、気温の変化など様々な要因で変化するからです。24時間血圧計でみると、一日の間でも血圧は変動します。このことから、血圧は朝と夜の最低2回は測定するべきでしょう。また、血圧の治療は、医師任せにするのではなく、自分でも測定しそのデータを次回受診の際に、医師に提示して一緒に血圧のことを考えることが重要です。

その結果を踏まえ、今後の正しい生活指導を受けて、さらに一緒に治療を考えましょう。起床時と就寝前に測定し、これを毎日続けることが大切です。

医師は、特に起床時の血圧を重視しています。そ

脳卒中の発症する時間帯

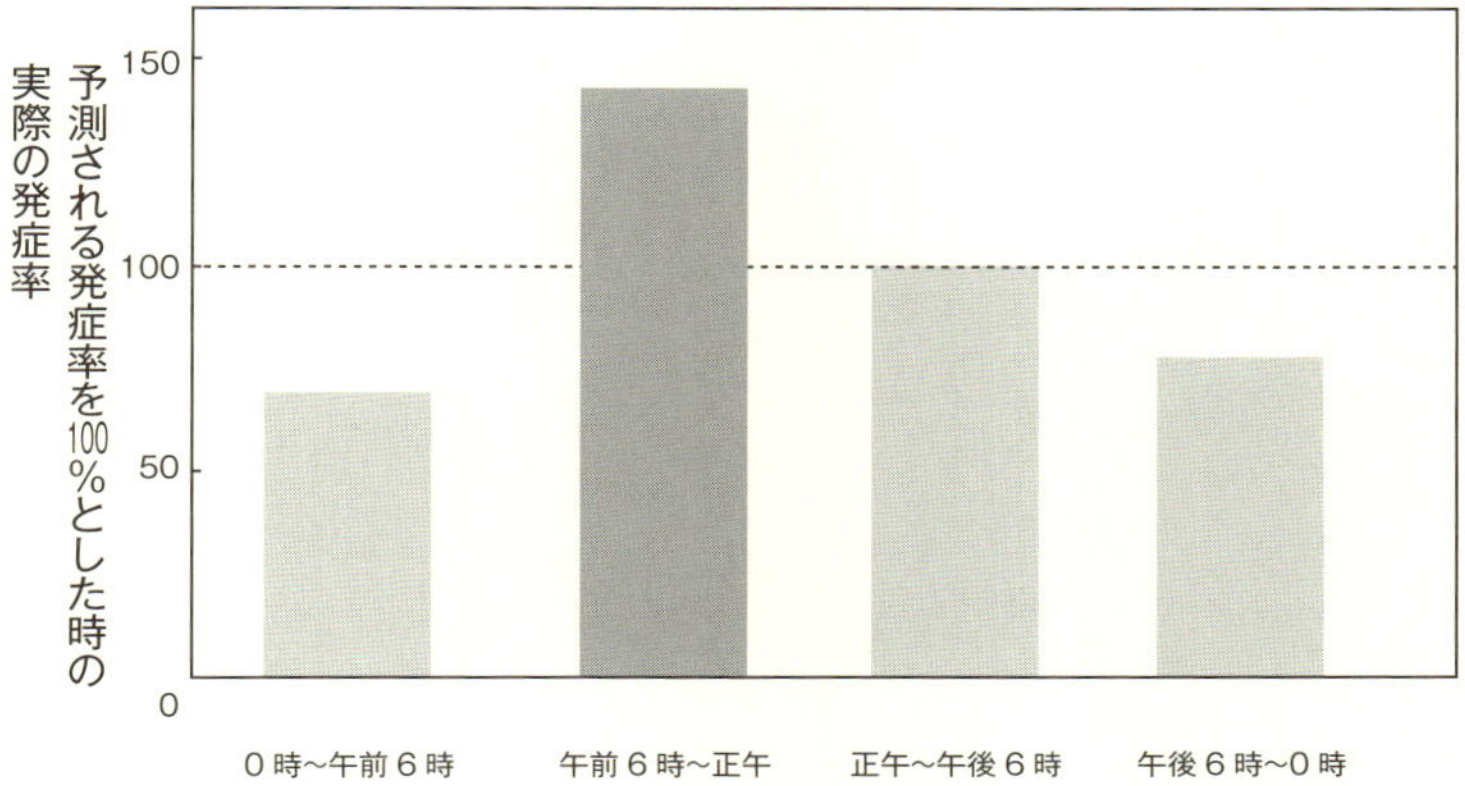

(Elliot W. J. et al. Stroke 29:992, 1998)

の理由は、高血圧の患者の中で、降圧剤を飲んで昼間の血圧が低くなっても、朝の血圧が特に高くなる人の存在が明らかになってきたからです。朝方に血圧が高くなるのは早朝高血圧と呼ばれ、そのまま放置すると脳卒中や心筋梗塞を起こす危険が高いのです。実は、脳卒中や心筋梗塞などが多発する時間帯が、朝の６時ごろから正午にかけてなのです。

朝の血圧の測定は、起床後１時間以内で、排尿後の食前で、座った状態で１〜２分安静にしてからおこないます。また、夜は、食事・入浴・喫煙直後は避け、排尿後に座位で１〜２分安静にしてから測定するようにします。

血圧を初めて測定する場合には、両方の腕で測る必要があります。高齢者では、動脈硬化などにより、左右の腕で血圧に差がみられることがあります。また、高齢者以外で血圧に左右差を認めた時には、血管の病気が隠れていることがあります。

26 血圧の測定は100年前とほとんど変わっていない

「脈」という言葉が書物に記載されたのは、紀元前1世紀までさかのぼります。この頃から、「脈の速さ」や「脈が乱れる」といった異常から、病気がわかるとされていました。「塩分をとると、脈拍が早くなる」との記載があり、現在の高血圧につながる概念がすでに存在していました。脈を測定する部位は、動脈が皮膚表面近くを走行しているところで、首では頸動脈、手首では橈骨動脈（とうこつどうみゃく）、鼠径部では大腿動脈が代表的です。日常脈をみるのは橈骨動脈です。

「血圧」という考えがでてきたのは17世紀に入ってからで、1733年イギリス人の牧師ステファン・ハーレスが、馬の頸動脈に管を差し込み、血液が上昇する高さを計測したことに始まります。

その後、1896年にイタリアのリヴァロッチが水銀血圧計を発明しました。1905年にはロシアの軍医であったニコライ・コロトコフが、「コロトコフ音」を聴くことで血圧を測るようになりました。このコロトコフ音のなかで、腕の圧迫を解除していった時に最初に聞こえる音を最高血圧、解放した時にその音が聞こえなくなるときを最低血圧とし、聴診器が利用されたのもこの頃からです。

血圧計は水銀血圧計で、これまで数百年に渡り、使われてきましたが、環境問題などに配慮し、消滅していくことは間違いありません。水銀は、「水俣病」で有名な神経系（大脳、小脳、感覚神経）に障

水銀の体に及ぼす影響

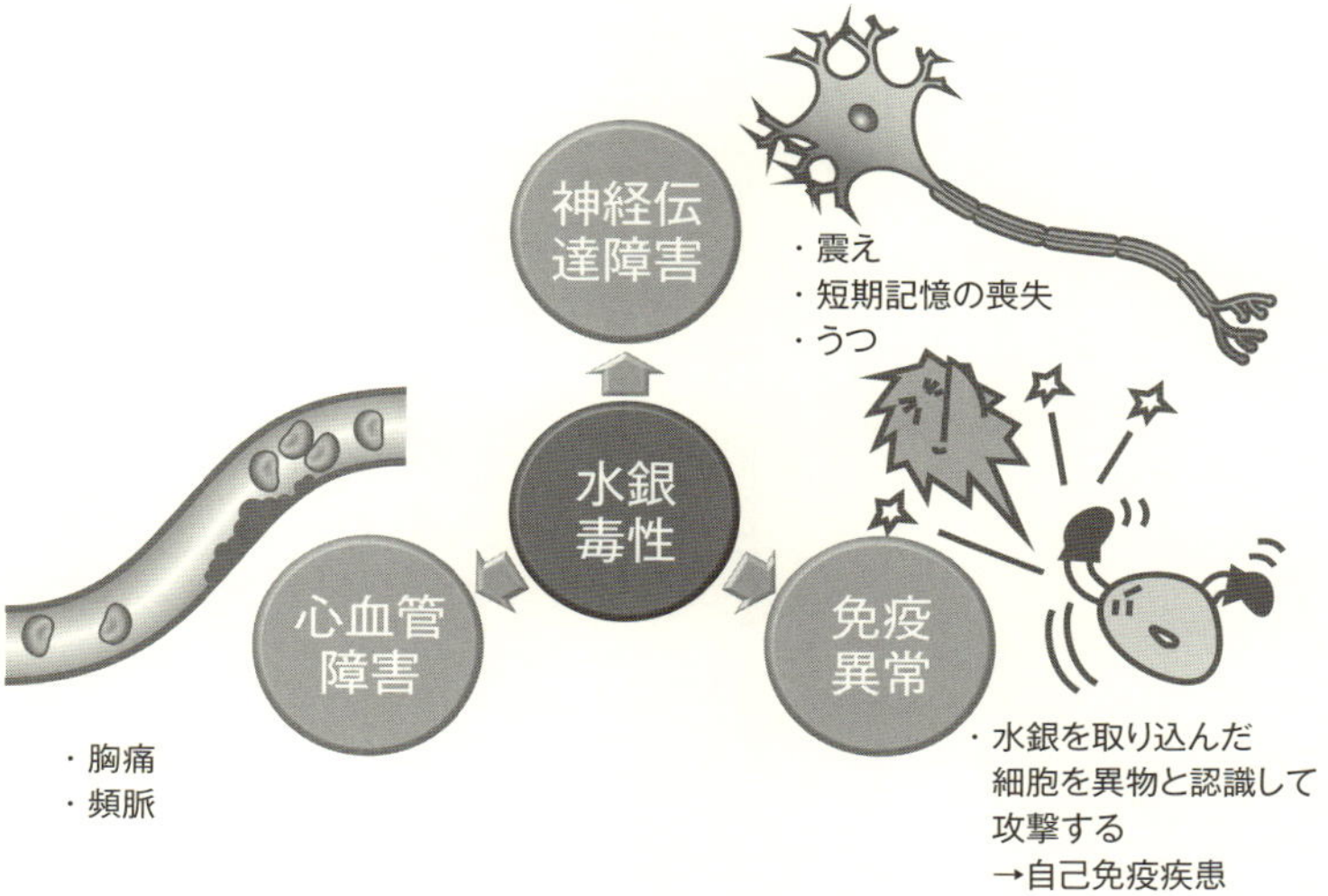

害を与え、大きな社会問題になりました。その後、環境への影響に配慮して、水銀を用いた血圧計は廃棄されています。2020年には、新規の水銀血圧計の製造や、輸出入は禁止され、電子タイプの血圧計（自動血圧計）に代わっていくものと思われます。しかし、原理は100年前と変わりません。

自動血圧計は、カフ内に音響センサーがありコロトコフ音を聞き取り測定するものです。これまで医師は自動血圧計を補助的な位置づけにしていましたが、自動血圧計の進歩により医療現場においても、自動血圧計が用いられています。自動血圧計のなかには、手首などで測定するものがありますが、簡便さの利点はありますが、計測手技にやや難点があり、上腕式血圧計のほうが優れています。

血圧計も寿命があることを理解する必要があります。装置の寿命は、通常5年もしくは3万回のいずれか早く到達したほうと記載されています。

27 なぜカフを巻かないと血圧は計測できないのか

血圧を測定するためには、まず完全に動脈血を一時的に遮断する必要があります。そのために腕に巻き付けるベルトとして、カフ（マンシェットともいう）が用いられます。カフの語源は、カフス（袖口）の略称です。動脈遮断を簡便かつ負担をかけずにおこなえる場所として、上腕が使用されます。

カフは、幅が12〜13センチメートル、長さが45〜50センチメートル程度が標準となります。また、携帯に便利な手首式血圧計もあります。これは測定原理は同じですが、使用法については説明書を熟読して正しく使用することが大切です。また、カフの位置、長さあるいは巻き方によっても血圧に違いがでてきますので、規定にあった血圧計を使用することが大切です。

血圧計測は、血流を遮断する程度の圧を血管にかけ、その後に徐々に圧を下げていきます。最初に聞こえる拍動音が、コロトコフ音第一相で、この測定した値が最高血圧とされています。また、完全に血流が再開しコロトコフ音が聞こえなくなったところが最低血圧になります。

血圧を遮断するためにカフは必要な装備です。カフを巻く際の留意点として、まくり上げた袖がカフに入らないようにし、カフのホースが下を向いて上腕前方の動脈に位置するように調整します。また、その際にはカフの下面を肘から2・5センチメートル上になるようにした後、カフを巻き付けるように

カフの使用条件と血圧の関係

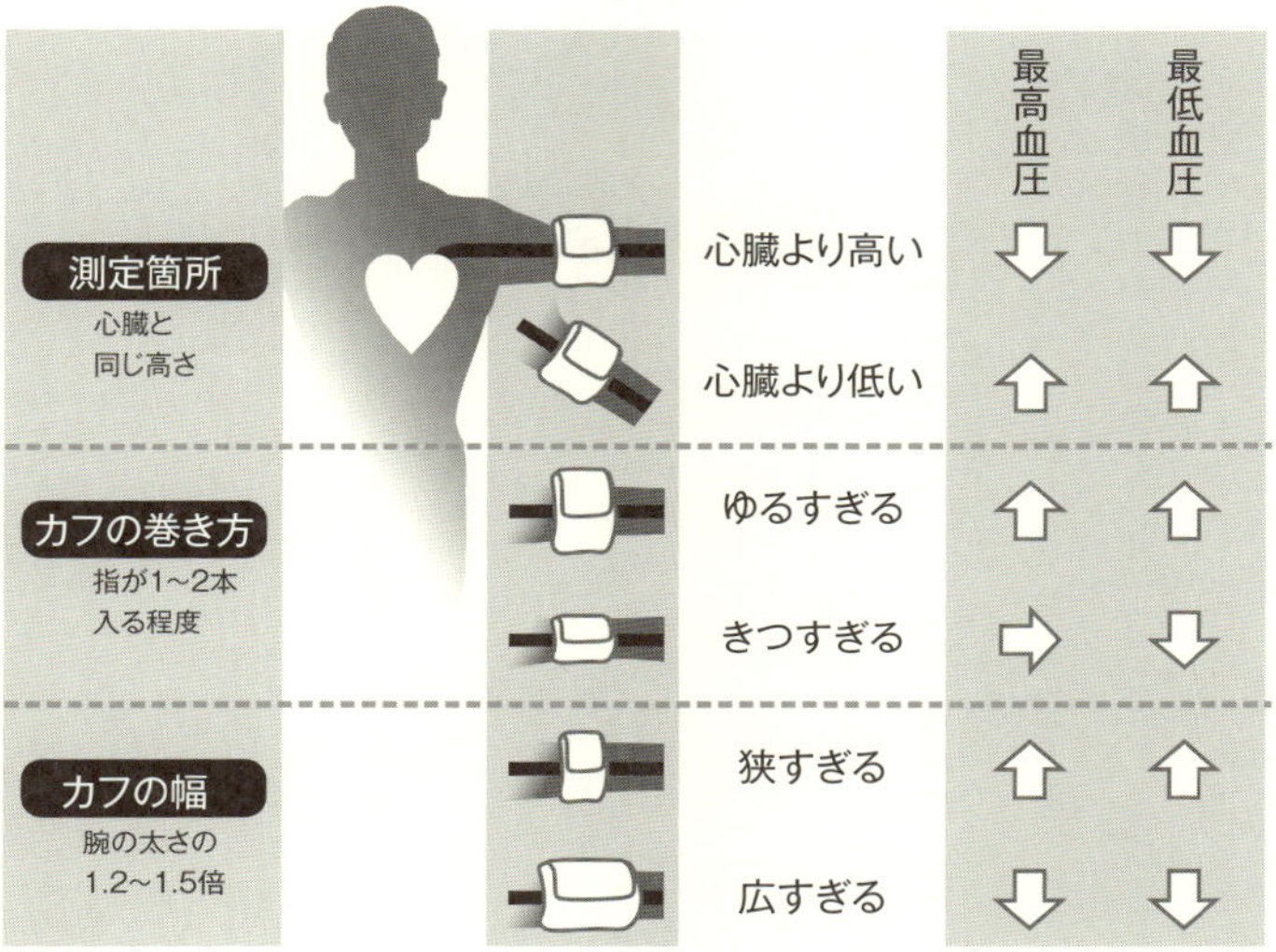

血圧の測定原理

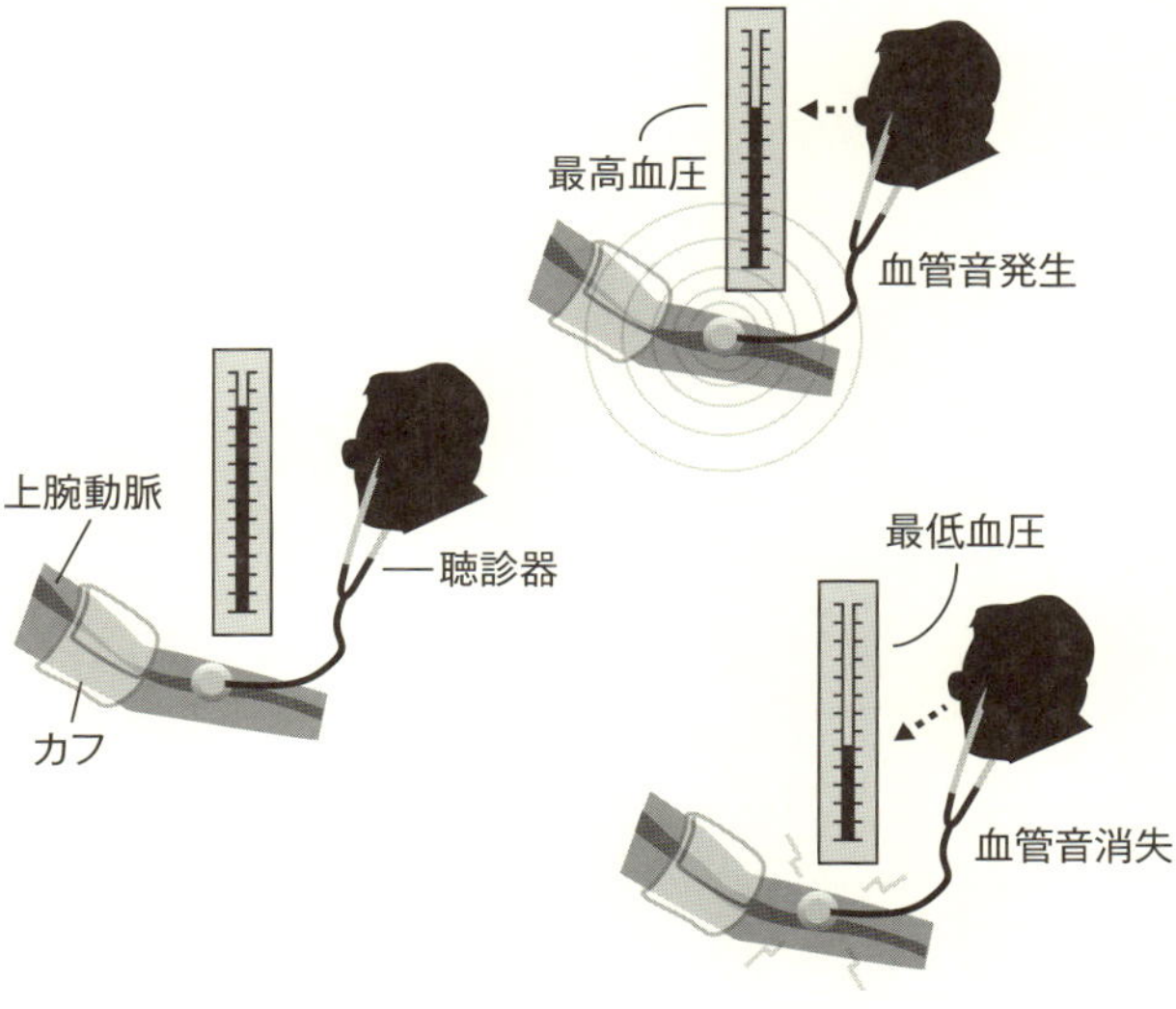

してください。このときに、カフと上腕の間に指が1本入るように、少しゆとりをもたせることが大切です。

28 血圧はうそをつく

医師は、患者の診察をしますが、長くて5～10分程度だと思います。よく「3分診療」と言われる由縁です。昔は診察を重視し、その間に医師と患者の間でコミュニケーションが図られ、信頼関係が構築できていました。しかし、医療機器の進歩と電子カルテが出現し、医師は患者と向き合って診療をする機会が少なくなったように感じます。医療者だけでなく、患者自身も自己中心ではなく人間関係に重点を置き、診察に臨む必要があります。

病院では、次の診察が2～3カ月後であることが多いため、患者自身が自覚をもって血圧の管理をおこない、血圧を日々記録するとともに、何か症状があれば血圧ノートに記載し、医師に説明することが大切です。決して他人まかせにしないことです。

血圧計にも種類、測定の仕方により結果に変動が出ることがあります。血圧計を購入した時には、主治医とともに、病院と家庭での血圧計の測定誤差を確認することが大切です。また、カフの巻き方など、正しく測定できているかを、医師に確認してもらってください。間違った手技で測定をおこなうと、その測定の意味はなくなります。「たかが血圧、されど血圧」です。

手首式血圧計は、小さく持ち運びが便利なため、普及しつつありますが、従来の血圧計と比較すると、測定値にバラツキがあるという声もあります。血圧計の精度は、上腕式でも手首式でも±3mmH

血圧計の種類

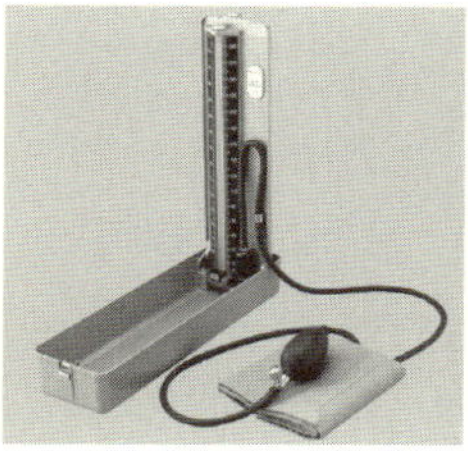

水銀血圧計

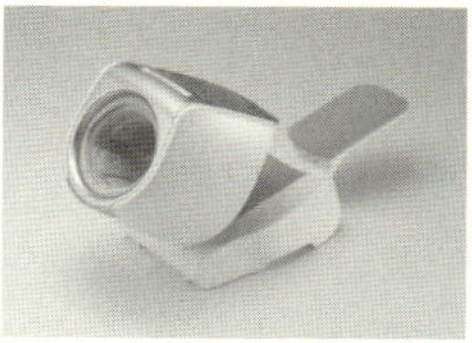

上腕式自動血圧計

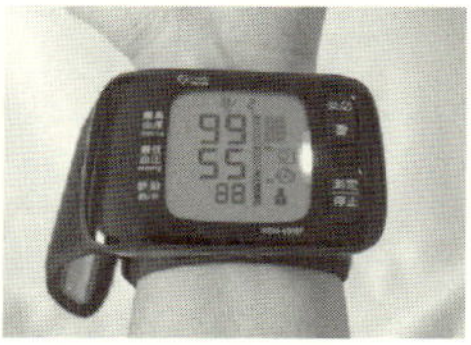

手首式自動血圧計

g以内でなければ、医療機器として認可されませんので、正しく測定すれば、結果は大きな誤差はありません。したがって、測定するたびに値に大きなバラツキがあったり、上腕式と異なる結果がでたときには、まず自分の測定方法を見直してください。

血圧は、前述のように、測定時間、気温、ストレス、食事、痛み、年齢、性別など様々な要因で測定誤差がでてくるので、そのような要因を排除しながら血圧を測定することをお勧めします。医師は、家庭用血圧計の計測や記録の方法について、適切なアドバイスをおこない、患者から提出された記録を分析して診療に役立てなければなりません。記録などの資料を一読もしないで診療をおこなうのはもってのほかです。正しい情報がなければ、「レーダーも装備しない夜間飛行」と同じで、薬の効果を正確に把握できず、無意味な治療を続けていくことになる恐れがあります。

Column

脳出血と脳梗塞の違い

この2つは、ひと昔前までは、「脳卒中」という言葉で片づけられていました。脳卒中は、医学用語ではありません。これは、脳の病気で突然倒れることを意味しています。正式には、脳血管障害といい、これには脳梗塞、脳出血、クモ膜下出血の３つがあげられます。

脳梗塞は、脳の血管が様々な原因で動脈硬化を起こして血管が詰まることでおこります。また、心臓などにできた血栓が飛んできて詰まる脳塞栓があります。その結果、脳組織に送られていた血流が遮断され、脳細胞が死んでしまう病態です。

一方、脳血管のなかで深部の細い血管が高血圧や加齢により小さな瘤を形成し、血圧が上昇したりすることで破綻し、脳の中に血種ができるのが脳出血です。クモ膜下出血は、脳の表面の比較的太い血管に動脈瘤などができて破裂し、クモ膜と軟膜の間に出血するものをいいます。

一番頻度の高い脳梗塞は、高血圧、加齢のほか生活習慣病などが原因となるので、ある程度予防が可能です。脳出血は、高血圧と動脈硬化に注意する必要があります。

また、クモ膜下出血では、動脈瘤が存在することが多く、ＭＲＩ検査などで動脈瘤の存在の有無を確認することが大切です。さらに、比較的若年者で、働き盛りの時に発症することが多く注意することが大切です。

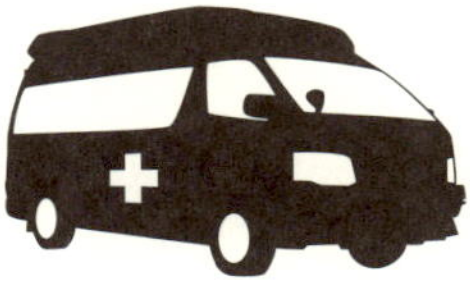

第4章

血圧と血液はどのように関係しているのか

29 血液の状態で血圧も変わってくる⁉

血圧は、主には血管の状態に大きく左右されますが、その他にも、血液の状態により、血圧が変化することがあります。血液が「ドロドロ」になったり、「ベトベト」になると血液がうまく流れなくなり、それに対処するために血圧が上昇します。

血液中には、赤血球、白血球、血小板が存在することが知られています。血液の病気の中で、これらの細胞が異常に増えるものがあります。代表的な病気としては、赤血球では、「真性多血症」、白血球では「白血病」、血小板では「本態性血小板血症」がこれらに該当します。

また、喫煙や高地に住んでいる人は、体が赤血球を増やし、反応性の多血症になることがあります。

さらには、血液中に免疫グロブリンが異常に高くなる血液の病気もあります（マクログロブリン血症、多発性骨髄腫）。

これらの病気では、血液の粘度が上昇し、血圧の上昇に関わってきます。

また、生活習慣病といわれている脂質異常症、糖尿病などでは、血液中のコレステロール、中性脂肪、血糖の値が高くなることが知られています。この時には、血液がベトベトになり、血圧が高くなります。

このように血液の異常により、高血圧となることがあるのです。

30 ドロドロ血液は、なぜ高血圧をまねくのか

「ドロドロ血液」という言葉を聞いて、どのようなものを想像しますか。川の汚水である「ヘドロ」のようなイメージを持つかもしれません。しかし、血液では血管の中をドロドロした血液が流れているわけではありません。血液が「ドロドロ」になるには、2つの要因があります。

ひとつは、白血球、赤血球、血小板という細胞成分が血液中にはありますが、これらの血球成分が増加することによりおこります。正常人では、白血球でみると縦・横・高さの一辺が1ミリメートル（1立方ミリメートル）のなかに4000〜9000個、赤血球は450万〜500万個、血小板は13万〜35万個というたくさんの細胞がひしめきあっています。これらの数が増加すると、細胞成分の比率が血液中に高くなり、血液の粘度が上昇し、局所の循環障害をきたすようになります。特に、赤血球は数が多いため、赤血球が増加する多血症では血液が「ドロドロ」になる可能性が高くなります。また、喫煙も赤血球を増やす大きな要因です。

もうひとつの要因は、血漿成分に含まれているタンパク質成分が異常に高くなる時にみられます。タンパク質による粘度の増加は、その血液中の濃度と分子の大きさで決まってきます。代表的な病気としては、免疫グロブリン（Bリンパ球から分泌されるたんぱく質で、異物や外敵の活動をおさえたり排除する抗体のことをいいます）が増加する多発性骨髄

血液「ドロドロ」

血液

↓

阻害要因

↓

①血液成分の増加	②血漿成分の異常
●血液中の赤血球の増加 ●血液粘度の上昇 ●局所の循環障害	●タンパク成分の上昇 ●タンパク糖度の濃度

↓

ドロドロ血液

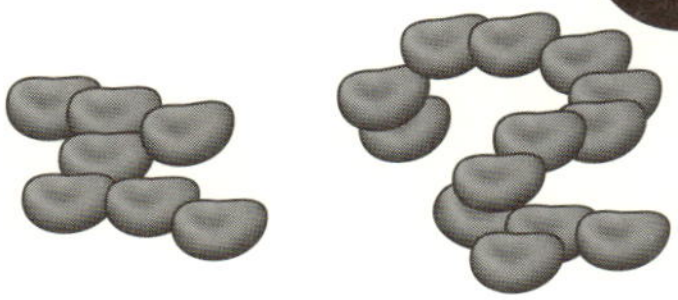

ドロドロ血液

赤血球が平たく、平面がくっついていて1つのかたまりになっている

腫などがあり、これらタンパク質による「血液ドロドロ」状態を過粘度症候群と呼びます。

また、近年注目されているものは、生活習慣病に関連したものです。糖質（糖尿病）や脂質（高脂血症）などが血液中に増加することにより、血液の粘度が増加、このような状態を「ベトベト血液」といいますが、毛細血管を通過するときに必要な赤血球の能力である変形能が低下し、微細な血管を通過できなくなってしまいます。

血液が「ドロドロ」、「ベトベト」になると、血液の流れがスムーズにいかなくなることが理解できたと思います。こうなると毛細血管で血流の流れが滞ってしまい、酸素と二酸化炭素、栄養分と老廃物の交換などがうまくいかなくなります。その結果、血液が滞っている情報が心臓に伝えられ、それに対応するために心臓からの血液を拍出する力が増加し、血圧が上昇するようになるのです。

31 健康を害する悪循環を引き起こす血液の状態

血液が、「ドロドロ」あるいは「ベトベト」になると、血液が滞るようになり、循環障害をきたします。

これらの原因として、大変注目されている生活習慣病について述べることにします。

糖質や脂質は血液に存在し、全身の細胞のエネルギー源になります。

そして血糖値のバランスを調整しているのが、すい臓から分泌されるインスリンというホルモンです。インスリンは、ブドウ糖を組成するグルコースを細胞内にエネルギーとして取り込む働きをしています。

インスリンの分泌が何らかの原因で障害されるときや、食事の過剰摂取がおこると、血糖値の上昇につながり、何らかの対策を講じなければ糖尿病になります。

また、高脂血症は、コレステロールや中性脂肪が血中で高くなる状態で、自覚症状がまったくないため放置してしまうことが多く、なかなか改善することは困難です。

コレステロールは肝臓で生成されますが、そのなかにはＨＤＬコレステロールとＬＤＬコレステロールがあります。前者は、善玉コレステロールと呼ばれ、血液中に増加した古いコレステロールを回収して肝臓に送る働きがあります。

一方、ＬＤＬコレステロールは、悪玉コレステ

血液「ベトベト」

血液

阻害要因

①血液の成分の変化
- ●糖質（ブドウ糖）の異常
- ●血糖値の上昇

②インスリンの分泌の異常

ベトベト
血液

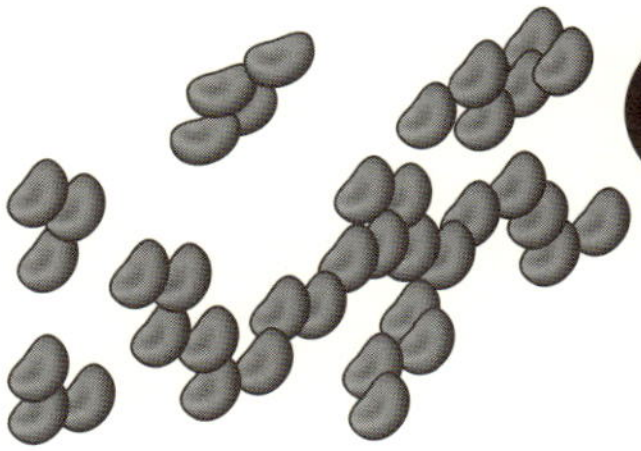

ベトベト血液

赤血球がタテにいくつもくっついていて1つのかたまりになっている

HDLコレステロール、LDLコレステロールの役割

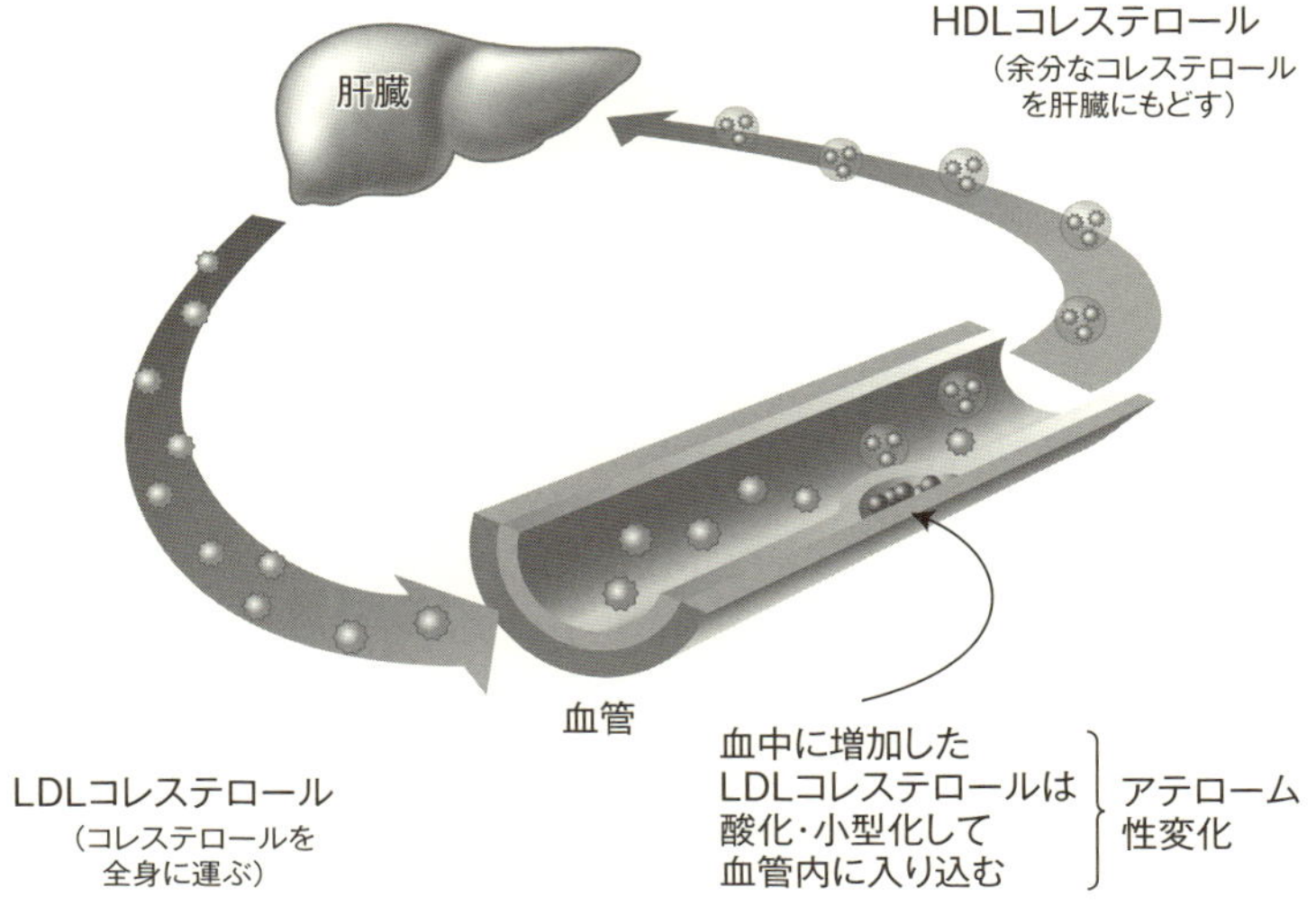

ロールと呼ばれ、コレステロールを肝臓から全身に運ぶ働きがあります。

ＬＤＬコレステロールは、肝臓で生成されたコレステロールをどんどん血液中に送り込みますので、血液中のＬＤＬコレステロールが増加してくることになります。

血中に増加したＬＤＬコレステロールは、酸化され小型化して血管内に入り込み、アテローム性血管病変となり、血管の内腔を狭くすると同時に動脈硬化を引き起こしてきます。

これらの病気については、自己管理が重要ですが、人間は「他人に厳しく、自分に甘い」性分であるうえ、自覚症状が乏しいため、克服するのはなかなか困難です。

ドロドロやベトベトの
血液にならないためには日頃からの自己管理
が必要なんだね！

32 血圧が高いまま放置していると血管はどうなるのでしょうか

健康診断などで高血圧と指摘されても、治療しないで放置している人は少なくありません。何もせずに高血圧が長期間続いていると血管はどうなるのでしょうか。

血管が何らかの原因で狭くなったり、しなやかな弾力性を失い伸縮できなくなったり、心臓からの血液量が何らかの原因で増加すると、血圧は上昇します。

一時的なストレスなどで血管が狭くなった時には、血圧の調節機能が働き、ストレスが解除されたりすると、血管は元に戻り血圧も正常化します。

しかし、慢性的に血圧が高い状態が続くと、体が「血圧が高いのが普通」と認識してしまい、高血圧が維持されるようになります。

このように血圧が高い状態で維持されていると、その圧力に対抗しようとして、血管壁が厚くなります。そして、血管の内腔が狭くなり、血圧はより高くなってきます。

また、狭くなった血管内では、血流の乱れが生じることがあり、コレステロールなどが血管壁面に溜まりやすくなり、血管内に血の塊のような血栓ができてきます。その結果、ますます血管の中は狭くなり、さらに血圧が上昇するのです。

これが繰り返され、血管壁への高い圧力の持続と血管内腔にコレステロールなどが沈着し、血管の質そのものが劣化しボロボロの状態になります。血管

高血圧と動脈硬化の悪循環

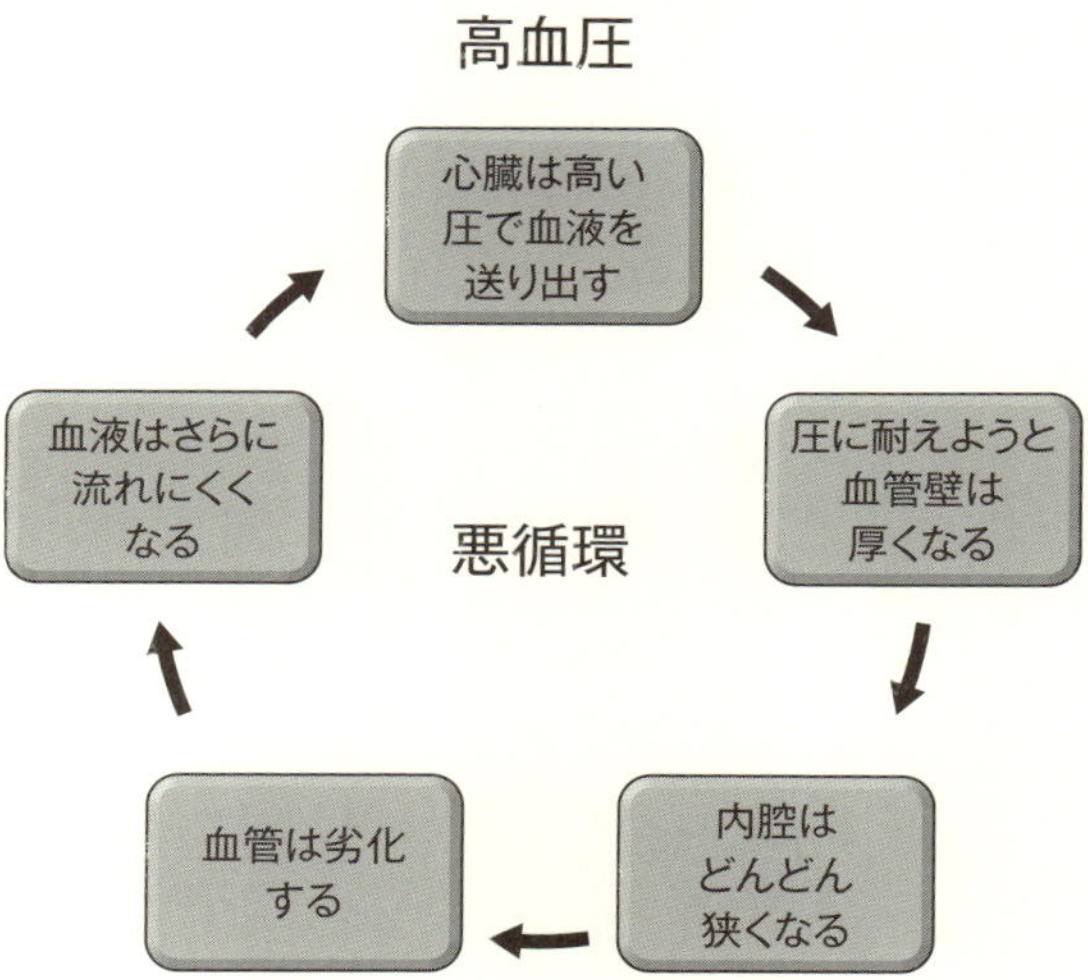
高血圧
心臓は高い圧で血液を送り出す
圧に耐えようと血管壁は厚くなる
内腔はどんどん狭くなる
血管は劣化する
血液はさらに流れにくくなる
悪循環

の弾力性は失われ固くなり、動脈硬化という状態になります。

動脈硬化になると、血管は二度と弾力性を取り戻すことはなく、その後の人生において高血圧と向き合わなければならなくなります。

さらに、高血圧が持続すると血管が破綻しやすくなり、脳出血などの危険性が増大します。

また、血管内壁を覆っている血管内皮細胞は、血栓ができないように働きますが、動脈硬化が進むと内皮細胞は障害され、血管内に血栓ができやすくなり、心筋梗塞や脳梗塞の合併症の頻度が飛躍的に増加します。

一口メモ

高血圧を放置しておくと大変なことになる!

33 誰でも簡単にできる血液ドロドロ度チェック

生活習慣を中心に、「血液ドロドロ度」を調べてみましょう。チェック項目は、以下の9項目になります。

①甘いものをよく食べる
②ほぼ毎日お酒をたくさん飲んでいる
③魚料理よりも肉料理が好きだ
④脂っこい食物が好物だ
⑤野菜をあまり食べない
⑥運動はほとんどしていない
⑦ストレスを感じることが多い
⑧タバコを一日10本以上吸う
⑨普段から水分はあまり摂取しない

これらの9項目のなかで3つ以上当てはまる項目があれば要注意です。

お菓子など甘い食べ物を過剰にとると、エネルギーとして使われなかった糖分は、肝臓で中性脂肪に変換され、血液中の中性脂肪が増加します。さらに、中性脂肪が血液中に増えると、肝臓で処理できずに分解された「レムナント」といういわゆる「残り屑」が血液中に残ります。この物質は、中性脂肪やコレステロールとタンパク質と結合した複合体が、分解され生じるものです。

この「残り屑」は、白血球の仲間であるマクロファージに取り込まれ、この細胞は最終的には泡沫細胞となり、血管壁に沈着して、動脈硬化を促進させます。したがって、食事療法と運動療法をおこな

レムナントの動脈硬化との関わり

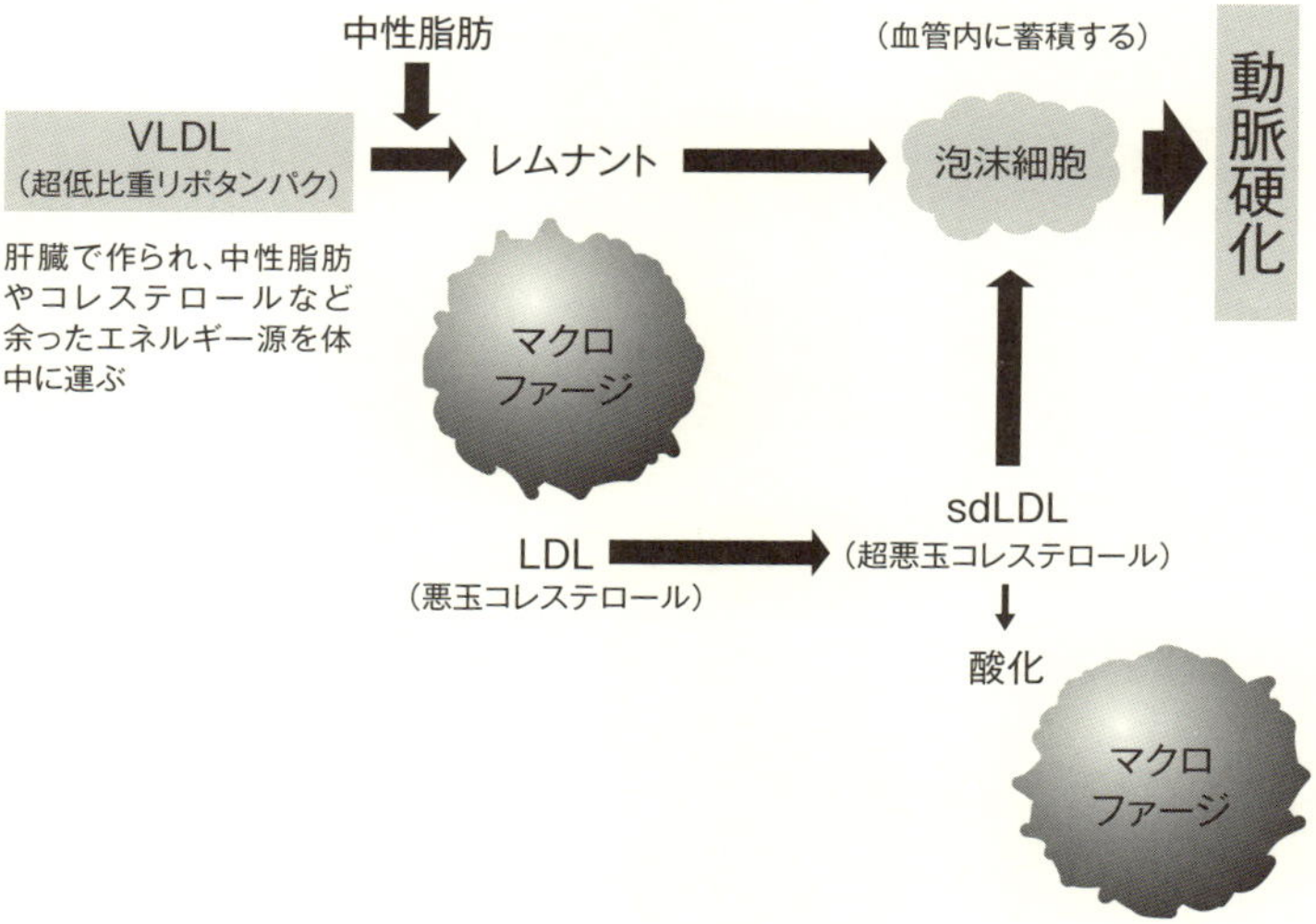

EPAの抗動脈作用

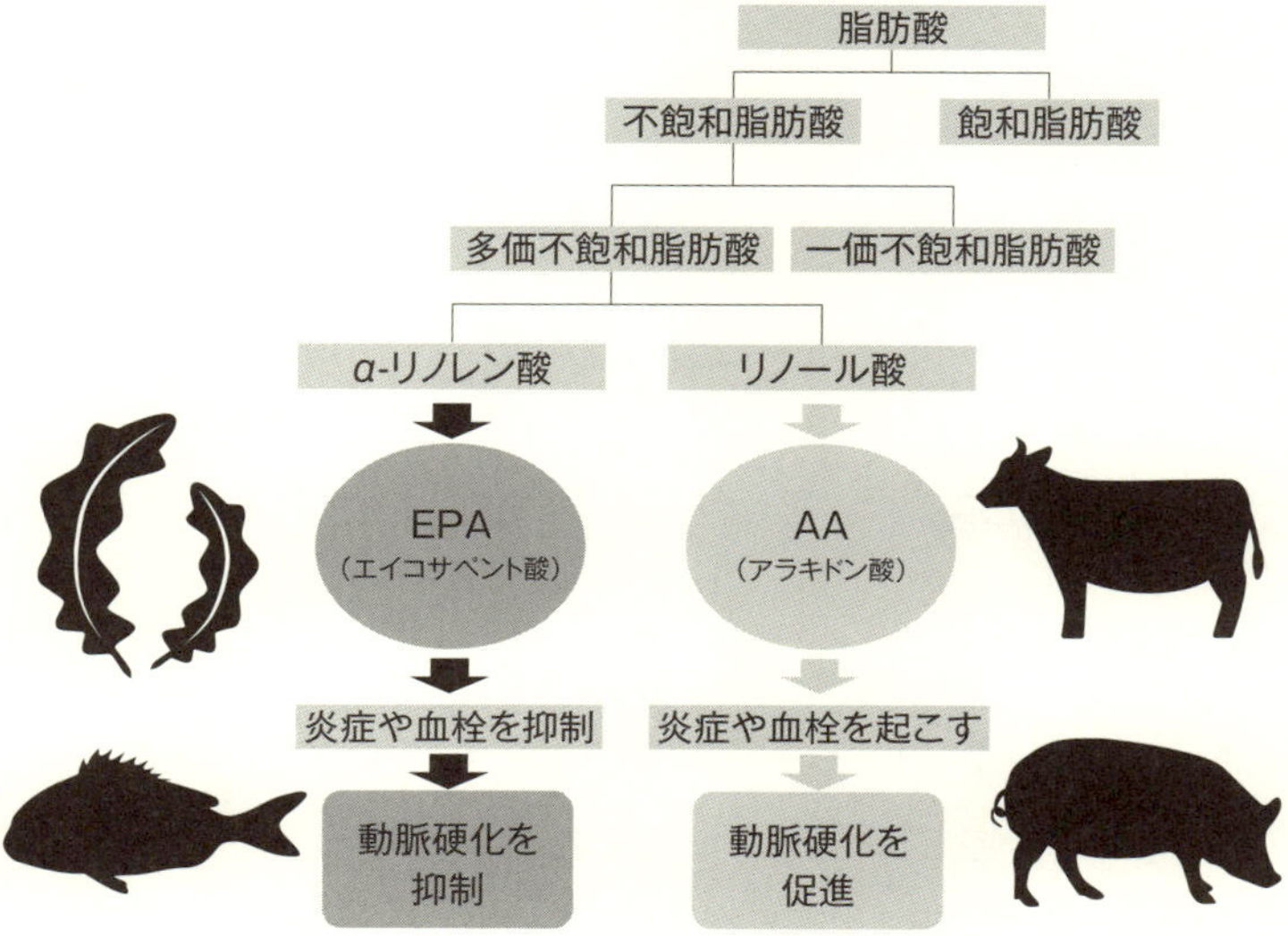

い、中性脂肪を減らすことが重要です。

お酒は、適量であれば大きな問題はないのですが、飲みすぎると利尿作用があり脱水となり、血液が「ドロドロ」になります。

脂質には、「ドロドロ」推進派と「サラサラ」推進派があります。肉類や油（特にオメガ6脂肪酸、リノール酸）は「ドロドロ」派で、その過剰摂取は、血中のコレステロールや中性脂肪を増加させます。また、リノール酸はアラキドン酸となり、炎症や血栓を引き起こすことになり、動脈硬化を促進します。

一方、魚（特に青魚）にはα-リノレン酸が多く含まれ、血液をサラサラにするDHA（ドコサヘキサエン酸）やEPA（エイコサペント酸）になります。これらは、炎症や血栓を抑制し、動脈硬化を抑制するといわれています。また、野菜は、食物繊維が多く含まれ、ビタミンが豊富であるため動脈硬化を防止します。

運動すると新陳代謝が高まり、中性脂肪やコレステロールは燃焼されますが、まず糖分からエネルギー源として燃やされますので、脂肪を燃やすためには十分な運動量が必要で、一日に最低でも30分の運動が必要です。また、運動をすることで、「レムナント」の分解能力も高まりますので、適度の運動は重要です。

ストレスを受けると、脈が速くなり血圧は上昇します。また、ストレスが続くと体が緊張して無意識のうちに汗をかき、脱水を加速させることになりよくありません。

タバコは血管を収縮させ、コレステロールを悪玉化させ、動脈硬化を促進しますので、禁煙運動は推進するべきでしょう。

第5章

血圧をコントロールするには生活習慣病の克服が最優先です

34 塩分の摂り方はよく考えて

塩分の摂りすぎは、血圧によくないと言われています。塩分が、なぜ血圧に悪いのかを考えてみましょう。塩は、一般名では塩化ナトリウムと呼ばれ、化学式では「ＮａＣｌ」と表記されます。このナトリウムは、血液など体の中で細胞外の体液の主要な陽イオンで、体液や循環の調節に重要な役割を果たしています。しかし、このナトリウムをとりすぎると、血液中の塩分濃度が高くなり、水分が血管内へ移動し、その結果血液量が増加するため、血圧が上がるのです。

日本人は、これまで塩分をたくさんとってきました。代表的なものは、ご存知のように漬物です。昔は「お茶の友」としていた習慣があり、塩分をどんどん摂取していましたが、世界的にみるととりすぎです。半世紀前には、北の地域では一日に塩分を30グラム近く摂取しており、高血圧の人が多かったのはご存知の通りです。戦国時代の武将である上杉謙信も、脳出血で亡くなったようです。これに対して、エスキモーは塩分の摂取量が少なく、高血圧の人はほとんどいません。このことからも、塩分と高血圧の関連性は一目瞭然です。

減塩の効果については個人差がありますが、平均すると食塩を１日１グラム減らすと、最高血圧は１ｍｍＨｇ程度、最低血圧は０・５ｍｍＨｇくらい下がるといわれています。この効果はわずかなように思いますが、脳卒中の予防には大きな意味があるこ

塩分負荷によるナトリウムの移動

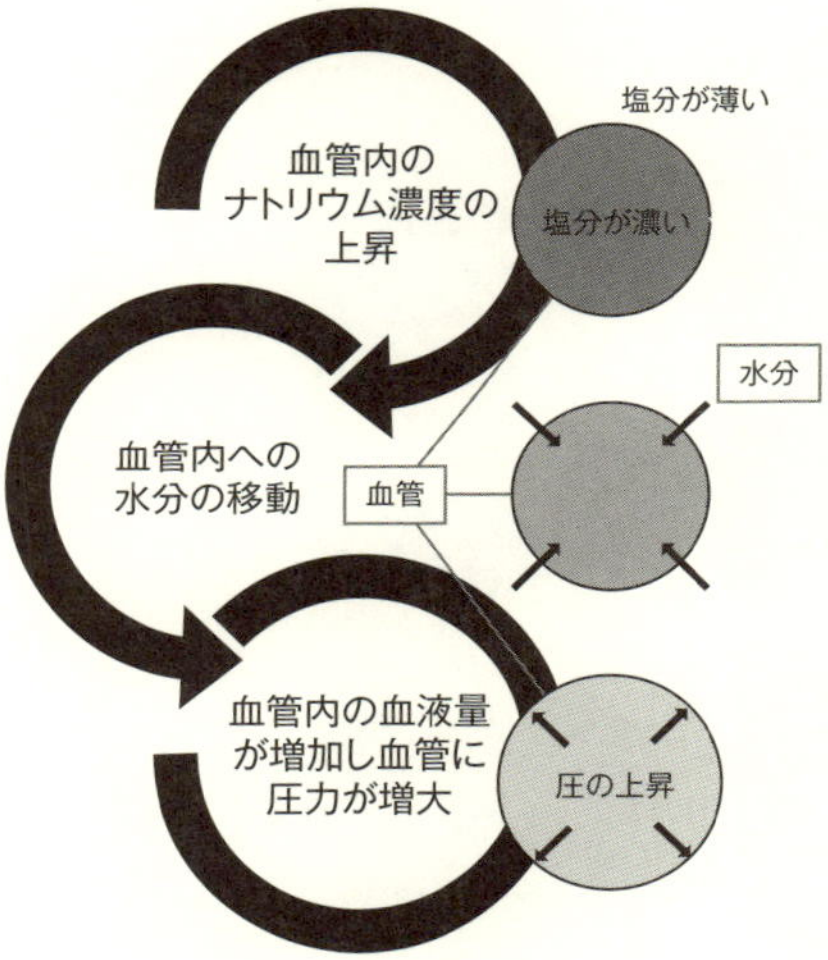

とがわかってきています。

また、塩分制限による血圧を下げる効果は、24時間継続するので、夜間高血圧への効果も大きく、脳卒中などの予防には大変重要なのです。

塩分をとりすぎて血圧が高い状態が続くと、心臓や血管に多大なる負担がかかります。そのままにしておくと、心肥大や動脈硬化をきたし、健康寿命に大きな影響を与えます。血圧以外にも塩分の過剰摂取は、いろいろな悪影響がでます。

例えば、腎結石を起こしたり、骨が脆くなり骨粗鬆症（こつそしょうしょう）にもなりやすくなります。腎結石が起こる理由は、塩分を過剰にとることでナトリウムが尿中に多く排出され、その一部がカルシウムに置き換わり結石となるのです。また、尿中にカルシウムが排泄されることにより、骨に含まれているカルシウムが動員され、骨粗鬆症になります。

食塩摂取量の平均値の年次推移

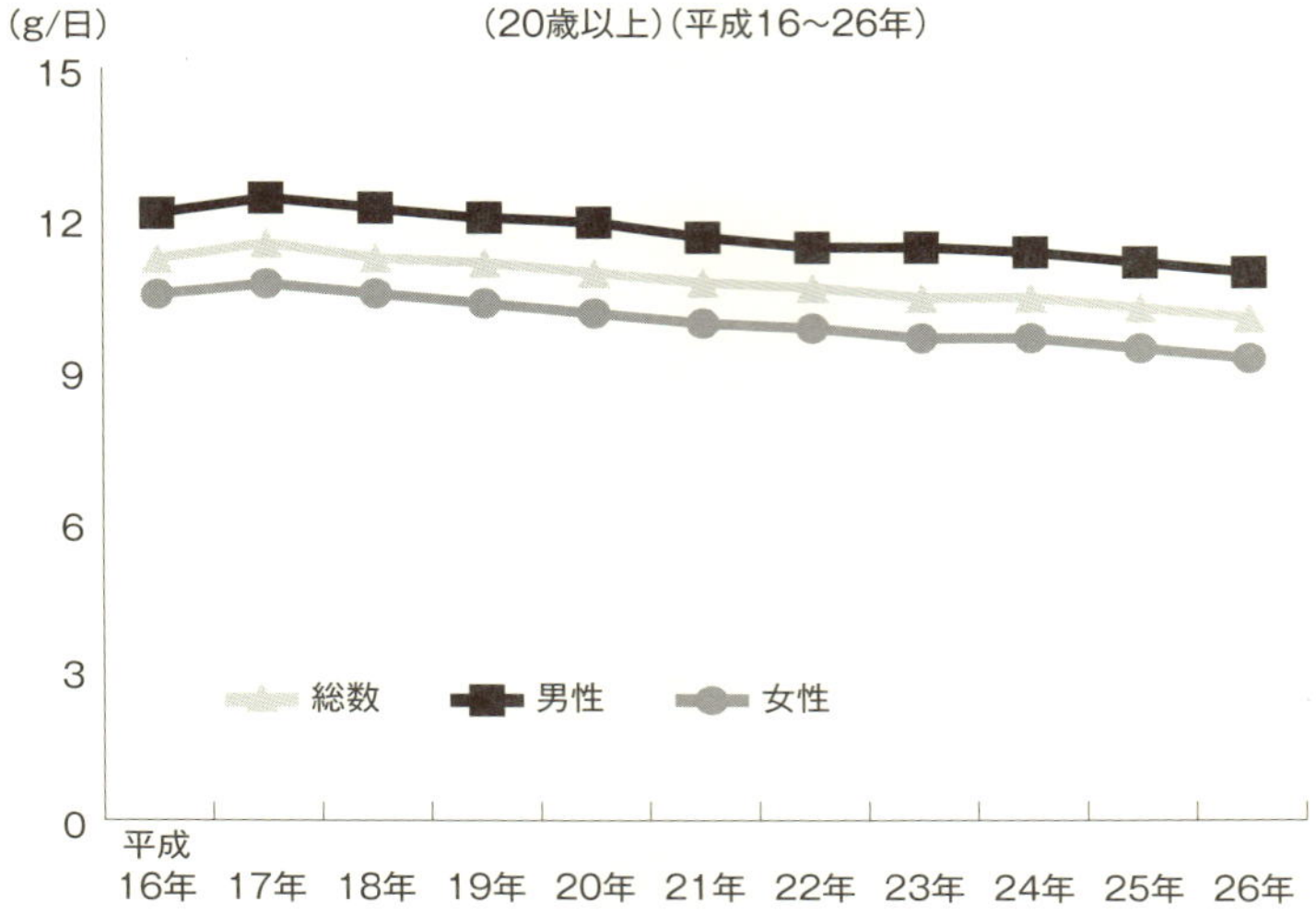

出典：厚生労働省「平成27年国民健康・栄養調査結果」

一日に必要な塩分量は、3グラム程度で足りるといわれています。ところが、製塩の普及や食物の保存に塩分が用いられるようになり、急速に塩分の消費量が増えています。現代でも、日本人は1日に10グラム以上の塩分を摂取しています。

摂取経路は、醤油が一番多く、次いで漬物、味噌汁、塩漬け魚の順でした。まさに「醤油文化」を象徴しています。

厚生労働省が推奨している塩分摂取量の目標値は、男性で8グラム／日未満、女性で7グラム／日未満です。高血圧患者の減塩目標は、男女ともに6グラム／日未満とされています。

一口メモ

塩分の摂取と血圧には密接な関係がある。

35 なぜ肥満になると血圧が上がるのか

肥満になると、正常の体重の人と比べて2～3倍高血圧になる可能性が高まります。どのようなメカニズムによって、肥満がおこるのでしょうか。

肥満の人は、過食のため塩分を過剰に摂取します。また、肥満になると過剰に分泌されたインスリンの働きにより、腎臓の尿細管という部位でナトリウムの再吸収（体内に再び吸収される）が亢進するため、さらに血液中のナトリウムの濃度が増加します。そのため、のどの渇きなどがおこり水分の過剰摂取により、血管内の血液量が増大し、血圧が上昇するのです。

肥満の原因としては、特に日常生活の中で気を付けることが5つあります。

① まず、暴飲暴食による摂取カロリーオーバーです。動物性たんぱく質、甘いもの、ドカ食い、夜8時以降の不規則な時間帯での食事などにより、カロリー過多がおこってくるのです。

② 生命を維持するために必要最低限のエネルギーを基礎代謝といいますが、これは、呼吸、心臓等を動かすために使用するエネルギーを指します。基礎代謝は、成人では1200キロカロリー前後であり、「寝たきり」の人でもこのエネルギー量は消費します。気を付けることは、基礎代謝を下げることになる日常の習慣として、極端な食事制限と運動不足、さらには炭水化物が中心の食事、朝食を抜く、体の冷えの放

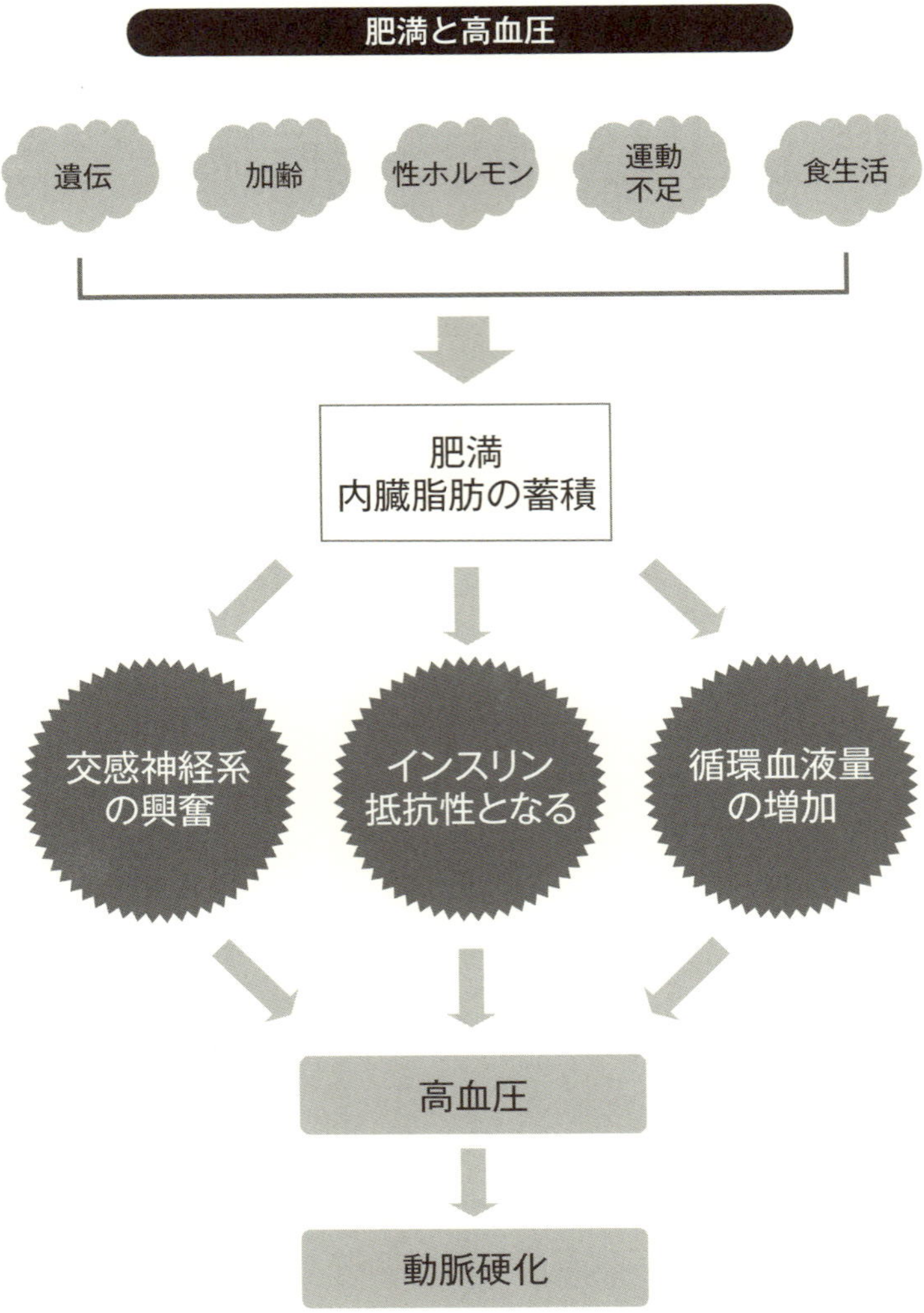
肥満と高血圧
遺伝
加齢
性ホルモン
運動不足
食生活
肥満
内臓脂肪の蓄積
交感神経系の興奮
インスリン抵抗性となる
循環血液量の増加
高血圧
動脈硬化

置などがあり、基礎代謝が低下すると相対的にカロリー過多になり、肥満に繋がります。

③　口から摂取した食物は、胃や小腸で消化吸収され、余分な糖や脂肪などは大腸に送られ水分を体内に吸収してから体外に大便として排泄されます。慢性便秘があると、大腸で長時間摂取したものが留まるため、余分な糖や脂肪が水分とともに体内へ再吸収され、肥満の原因となるのです。

④　ストレスが多い現代社会では、自律神経が影響を受け、消化・吸収機能にも影響を与えます。それ以外にも、産後や更年期障害など性ホルモンの変化により、カロリーが体内へ吸収されやすくなることにより、肥満となることがあります。

⑤　インスタント食品や外食産業を利用することが多い現代人においては、ビタミンやミネラルなど微量栄養素が減少しており、その代わりに脂肪や糖分を過剰摂取することにより肥満が増大するのです。

肥満のある人でも血圧が１６０ｍｍＨｇ程度であれば、慌てて治療する必要はありません。減量することを心掛け、体重を４～５キログラム減少させれば、血圧は簡単に正常化します。

肥満は健康によいことは
ひとつもないので改善
する努力をしよう

36 高血圧に対する運動の大切さ

運動をすると、血圧はどのように変化するのでしょうか。運動により、心臓から送り出される血液が増えることにより、一時的には血圧は上がります。しかし、血液が体全体に行き渡ると血管が拡張するため、血圧は低下してきます。

運動をすることによる改善点は、運動により血液の流れがよくなり、血圧を上昇させる原因のひとつであるナトリウム（塩分）を、汗などで体外に出す量が増大することです。

また、血圧を上げる物質であるカテコラミンの血中濃度が減少します。さらに運動をすることで、肥満の改善とともにストレスの発散にもつながり、血圧が低下するのです。

高血圧によい運動は、有酸素運動です。運動には、無酸素運動と有酸素運動の2種類があります。無酸素運動は、腕立て伏せなど瞬発的に力を加える運動をいいます。一方、有酸素運動とは、規則正しい呼吸をおこない無理なくできるもので、ウォーキングやジョギングなどがあります。

無酸素運動では、一時的に血圧が急上昇し、それを繰り返すので血圧が高い人には、瞬間的に血圧が上昇するため、リスクがあります。高血圧の人では、少し汗をかき、脈が少し速くなる程度の有酸素運動がベストチョイスです。

ウォーキングの適当量は、毎日30分を目安にすればよいと思います。とても連続して30分は歩けない

運動の血圧への働き

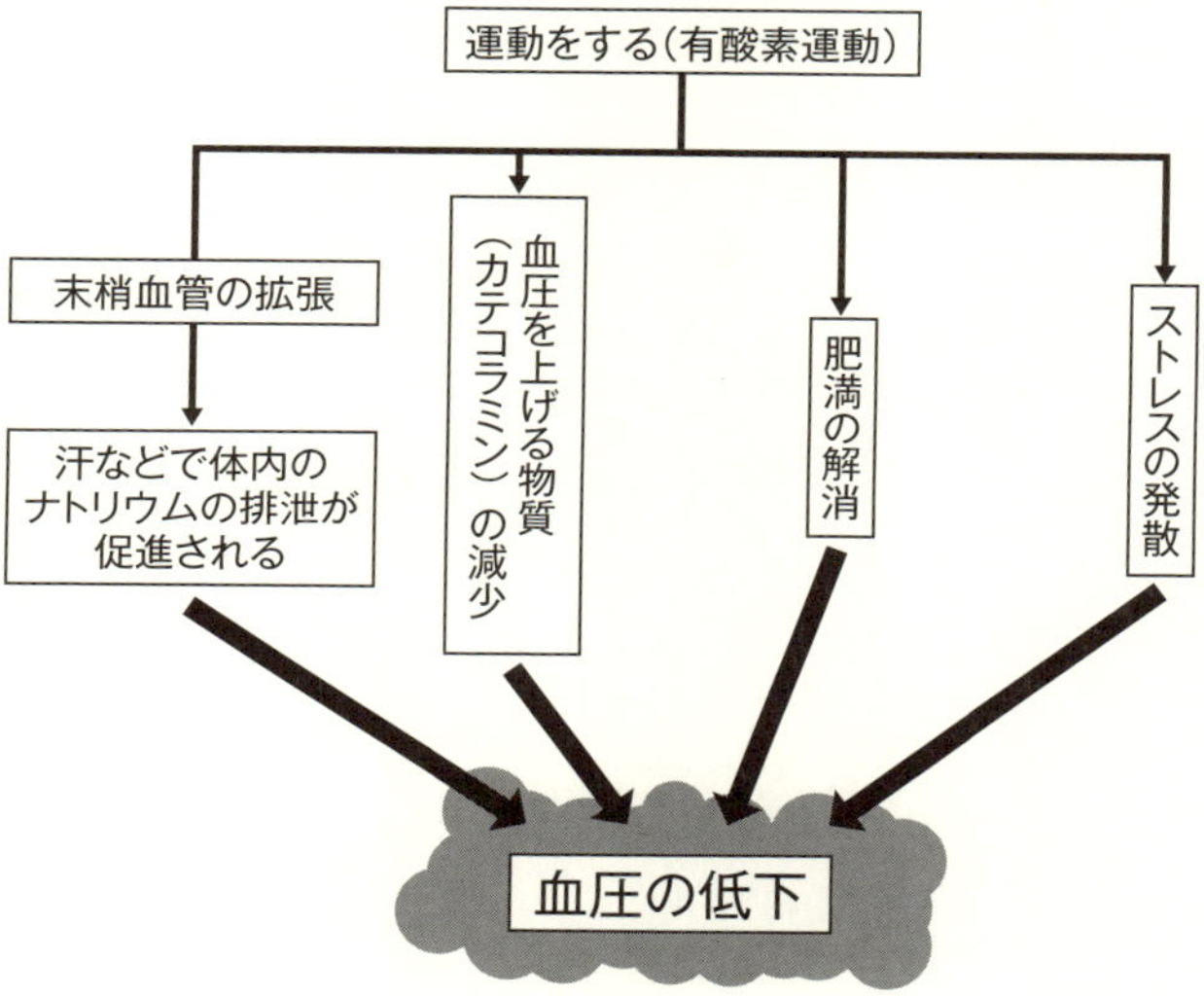

という人は、10分ずつ３回、計30分歩く、あるいは毎日歩けない人は、１日おきに１時間歩くなど工夫すればいいと思います。

また、日常生活でも、エレベーターは使用せず階段を使ったり、車ではなく歩くことを心がければ、かなり有酸素運動ができると思います。これまで運動をする習慣のなかった人は、最初は軽い運動から始めて、徐々に増やしていくように心がけることが大切です。

37 喫煙は血圧に悪影響を与えます

喫煙の習慣がある日本人は、男性では約30%、女性では約10%といわれています。最近は、若い女性の喫煙が増えてきています。

タバコと高血圧の関連性は、これまであまり指摘されませんでした。しかし、喫煙者の血圧が高く、さらに喫煙する人で喫煙した日としなかった日でみると、前者において血圧が高かったという結果がでています。

タバコの煙には、いろいろな物質が含まれており、血圧に関連しているものとしては、ニコチンと一酸化炭素があります。

ニコチンは、交感神経を刺激するために、血圧の上昇と脈拍の増加がおこります。

また、一酸化炭素の増加により、赤血球と一酸化炭素は酸素より結合しやすいため、血液中に酸素が不足し、心臓に負担をかけることになります。一酸化炭素は、煙のなかにも1～3%含まれており、受動喫煙の問題となります。

さらに、タバコの成分中に酸化物質が含まれており、この物質が内皮細胞に障害を与え、動脈硬化などを促進し、金属が酸化により錆びるように血管が「ボロボロ」になるのです。

また、タバコは善玉コレステロール（HDLコレステロール）を減少させ、脳・心血管疾患における危険因子であるLDLコレステロール（悪玉コレステロール）を増加させます。したがって、タバコは

タバコと血圧の関係

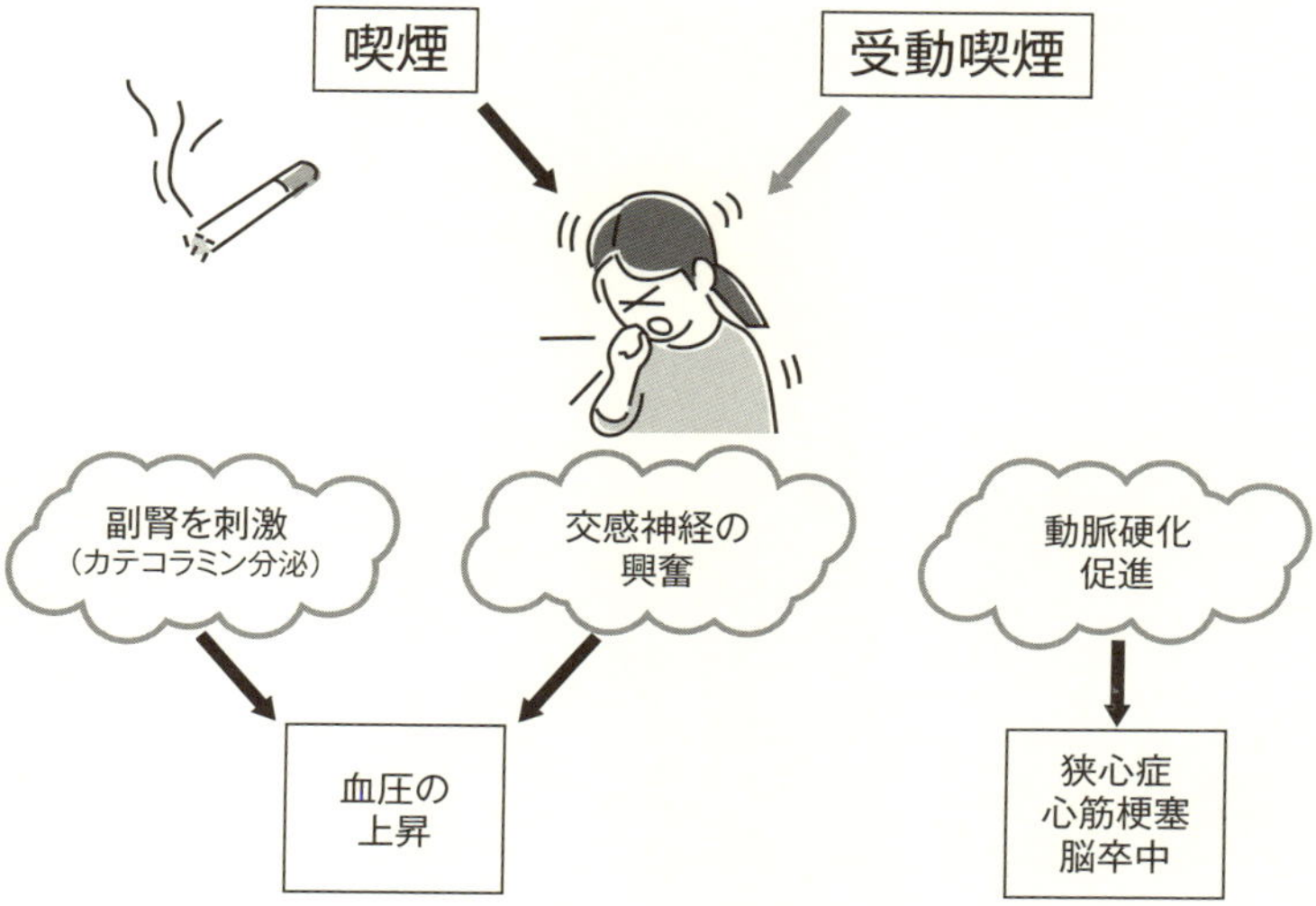

「百害あって一利なし」なのです。

タバコの最大の問題は、動脈硬化を促進することです。喫煙が心筋梗塞などの危険因子であることは知られており、喫煙者が心筋梗塞などになる危険性は、非喫煙者と比較して2倍以上といわれています。

また、脳梗塞や末梢動脈の疾患である閉塞性動脈硬化症、バージャー病などの危険因子でもあります。

さらに、脳卒中の発症リスクは、タバコの本数と関連性があり、チェーン・スモカーではそのリスクが2倍というデータもあります。さらに、肺がんの危険因子であることも周知のとおりです。

禁煙は、喫煙者にとってつらいものです。しかし、受動喫煙という大きな社会問題もあります。喫煙者の健康被害以外に、周りの人にも悪影響を与えています。受動喫煙に長期間さらされると、喫煙者

現在習慣的に喫煙している者の割合の年次推移

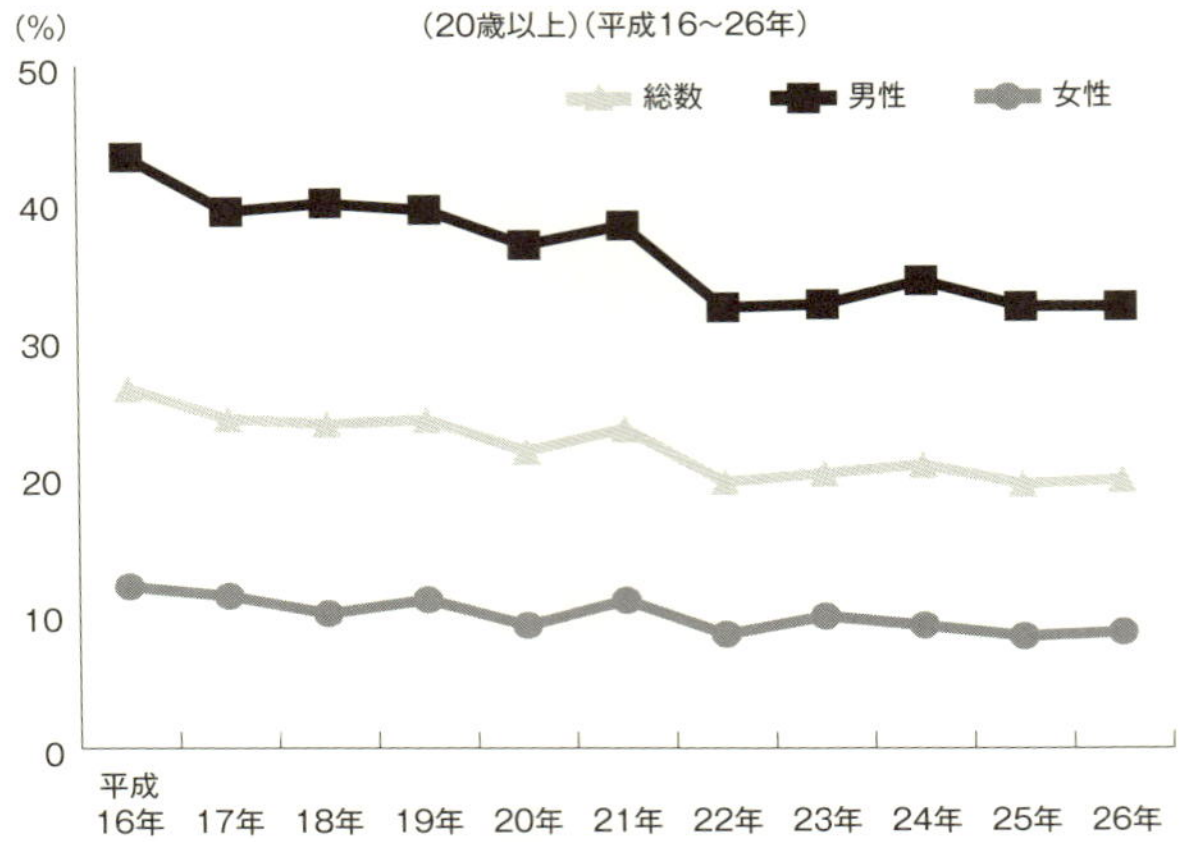

※「現在習慣的に喫煙している者」とは、たばこを「毎日吸っている」又は「時々吸う日がある」と回答した者。
なお、平成24年までは、これまでたばこを習慣的に吸っていたことがある者*のうち、「この1か月に毎日又はときどきたばこを吸っている」と回答した者。
＊平成16～22年は、合計100本以上又は6か月以上たばこを吸っている（吸った）者

出典：厚生労働省「平成27年国民健康・栄養調査結果」

と同様に心筋梗塞、脳梗塞などの危険が2倍近くになります。また、妊婦やお腹の中の赤ちゃんにも影響があり、流産や早産の危険性が高まり、新生児の低体重化が起こることが知られています。

禁煙をするために、ニコチンガムやニコチンパッチといった禁煙補助剤を使用することも一つの方法です。最近は、病院に禁煙外来があるので、受診して相談するのもよいのではないでしょうか。禁煙を5年継続すると、脳梗塞や心筋梗塞の予防効果は明らかです。自分のみならず家族のためにも禁煙を行うことが大切です。

一口メモ

喫煙はいいことは1つもないので、今すぐやめよう！

Column

動脈と静脈はどのような違いがあるのか

毛細血管を除いたすべての血管は、内膜、中膜、外膜の３層構造になっています。

動脈は､心臓から拍出された血液を末梢に運ぶパイプの役割を担っています。中膜にある平滑筋は比較的厚く、弾性繊維も富んでおり伸縮性と弾性があります。これは、高い血圧にも耐えるためであり、内部の圧が減少しても丸い形状が保てるようになっています。

一方、静脈は毛細血管から集まった血液を心臓に送り返す血管です。特徴的なことは、場所により内膜に半月状の静脈弁があり、血液の逆流を防いでいます。静脈の中膜の平滑筋は乏しく、血管内部の圧が低下すると血管内腔はペチャンコになってしまいます。

動脈、静脈以外に毛細血管というものがあります。これは、網目状の最も細い血管で、血管壁は単層の内皮細胞で構成されています。血管壁が薄く、その隙間を通して、血液と組織の間で酸素、二酸化炭素、栄養素、老廃物の交換がおこなわれます。

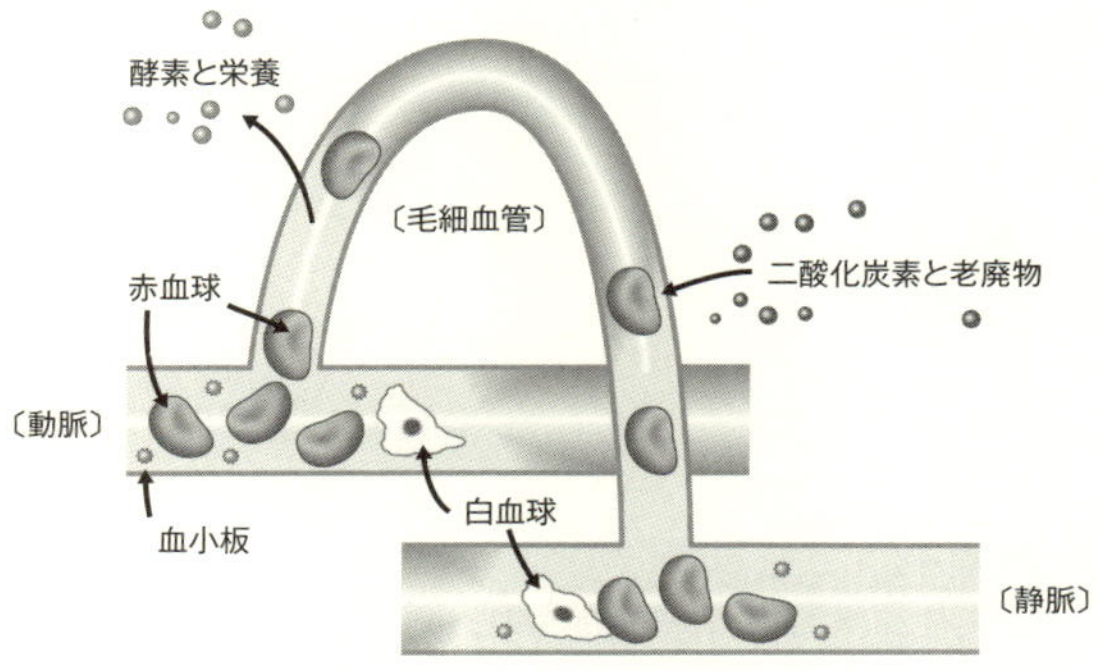

38 お酒は「百薬の長」というのは本当ですか

よく「お酒は、百薬の長」といわれますが、果たして本当でしょうか。適量のお酒であればいいのですが、「過ぎたるは及ばざるがごとし」という言葉があるように、過度の飲酒は体に害を与えます。

また、飲酒時には、塩分や脂肪分の多い「おつまみ」に手が伸びやすく、食事量も多くなります。その結果、塩分やカロリーの過剰摂取となり、血圧は上昇することになるのです。

日本人のお酒に関連した高血圧は、お酒よりは食塩の多い食事、肥満、運動不足との関連が大きいといわれています。また、冬のはしご酒は、血管の急激な拡張と、寒気による収縮を繰り返し、脳出血などを引き起こす誘因になります。

アルコールの作用は、多彩です。心臓の働きを強めることにより血圧を上昇させたり、逆に血管を拡張させて血圧を下げることもあります。お酒を飲むと、血圧は一時的には低下します。心身のストレスから解放され、適量のアルコールが血管を拡張させるからです。しかし、長期間飲み続けると、逆に交感神経の緊張が高まり、血圧は上がります。

また、お酒を飲む人は、善玉コレステロールが多いことが知られています。このように、お酒と上手に付き合えば、血圧を低下させ、ストレス解消など優れた点もありますが、飲みすぎると高血圧のリスクが高まることは心に留めておく必要があるでしょう。「お酒を飲むなら、ほどほどに」というのは、

血圧とお酒の適量

	男性	女性
ビール	大瓶　1本	缶ビール　1本
日本酒	1合	0.5合
ワイン	グラス　2杯	グラス　1杯
ウイスキー	ダブル　1杯	シングル　1杯
焼酎	0.6合	0.3合

エタノール換算で、男性20～30ml/日以下、女性10～20ml/日以下

このようなことからくるのです。

アルコールを飲む量と、血圧の関係をみると、一般的にはアルコール30ミリリットル摂取で、血圧は3mmHg程度上昇します。このアルコール量は、日本酒では1合、ビール大瓶1本、ウイスキー（シングル）やワインでは2杯に相当します。血圧を上げない範囲での飲酒の適量は、男性では20～30ミリリットル、女性では10～20ミリリットルであることから、「お酒は、ほどほどに」というときの適量の範囲が理解できたと思います。

お酒を飲む人と飲まない人で、一日の血圧の変化をみると、飲酒を続けた場合には、飲酒制限した時と比較すると、日中の血圧は高いが、夜間はむしろ低いという結果でした。このことから、血圧はお酒を控えても期待されたほどの降圧効果はない可能性もあります。しかし、過剰にお酒を摂取すれば、脳・心血管系への危険因子になることは周知の通りです。

39 ストレスは血圧にとってもよくない

「ストレス」とは、「心の安定が障害されるような刺激を受けた時に現れる反応」という意味です。この刺激というのは、怒りや不安であり、大地震や事故に遭遇した時の精神的な動揺、気温の急激な変化なども含みます。

ストレスを受けると、交感神経が活動的になり、副腎皮質ホルモンのひとつであるカテコラミンが盛んに分泌され、血管の収縮が起こります。その結果、血圧が上昇します。また、脳下垂体前葉からも副腎皮質に刺激が送られ、副腎皮質ホルモンであるグルココルチコイドが分泌されます。

さらに、免疫能力が低下してきます。したがって、ストレスは体にいいことはありません。これが一時的なものであれば問題ないのですが、持続すると対処を考えなければなりません。カテコラミンは、心臓への作用のほかにコレステロールの高値、血糖値の上昇から、血液が「ベトベト」になります、つまり動脈硬化を進めることになります。

ストレスが続くと高血圧になるかと聞かれると、答えは「イエス」です。中年男性３３０人を20年間観察した報告では、緊張状態が高い群とそうでない群を比較すると、前者に高血圧になる頻度が高いといわれています。

また、男性でストレスを「強く感じている群」と「そうでない群」での検討でも、12年以上の経過をみると前者では血圧が高く、狭心症などの発症頻度

ストレスと血圧

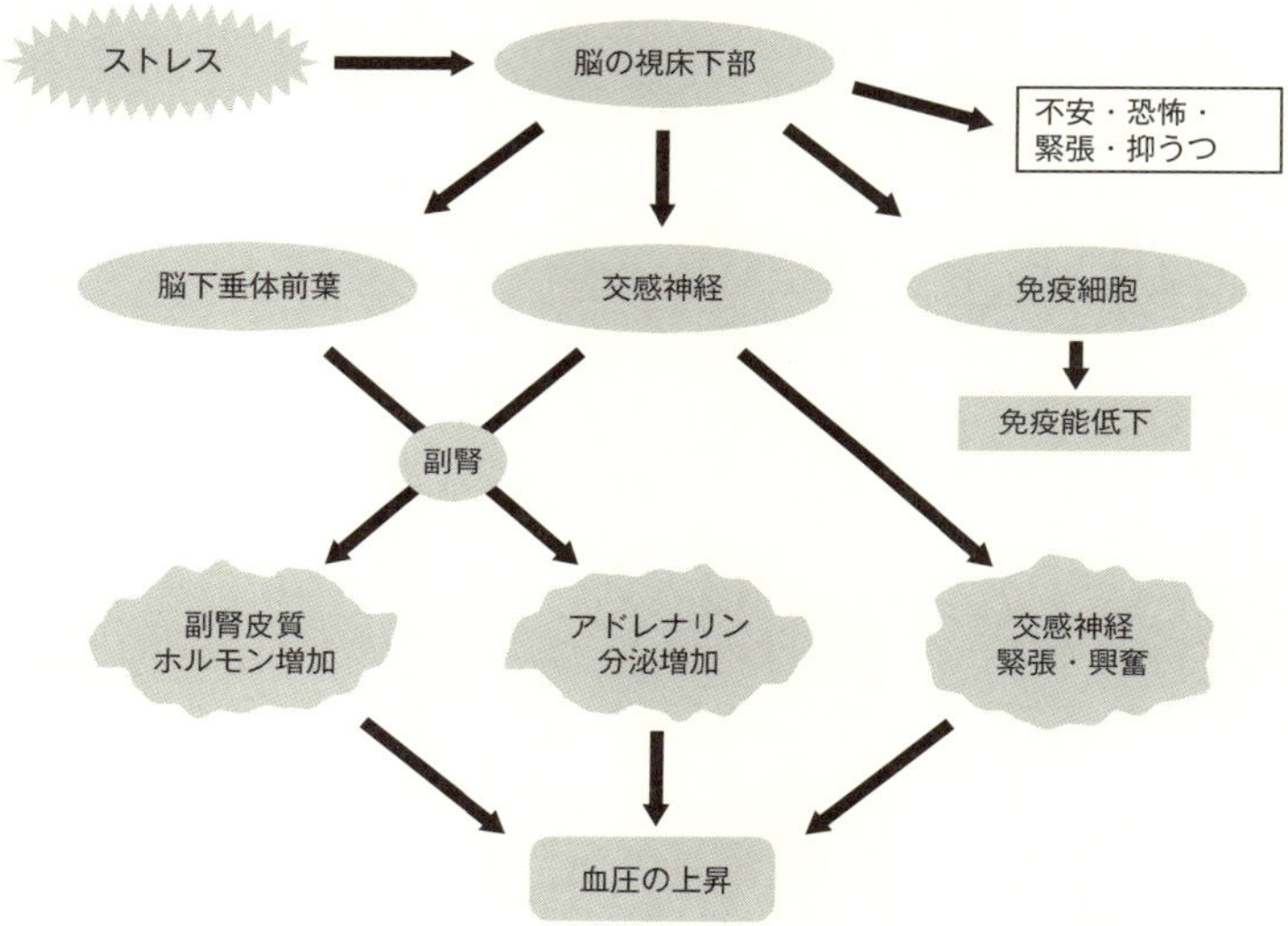

が高いといわれています。

逆に、ストレスがほとんどない場合には、血圧上昇がほとんどないというデータもあります。「イライラしやすい」、「せかせか行動する」、「完璧主義」、「競争心が強い」などがある人は、高血圧になりやすいので、行動パターンの改善が必要です。

ストレスがあると、睡眠不足となり、血圧が高まる一因となったり、規則正しい生活が困難となり、さらにストレスが増す悪循環に陥ります。

ストレスの対策は、まず「自分は大丈夫」と過信することなく、ストレスは誰にでもあることに気づくことです。いかにしてストレスを取り除くかは、なかなか解決策が見つからないことが多いですが、食事や就眠時間などを意識的に規則正しくし、適度の運動によりかなり改善が望めます。

また、家庭環境や社会的環境は大切で、良い環境にあれば、ストレスを和らげる効果があります。

40 サイレントキラーが血圧を上げ、体を壊す

生活習慣病は、成人病ともいわれ、食生活、運動、休養、喫煙、飲酒といった日常生活と深く関わりのある病気です。その代表的なものが、高血圧、脂質異常症、糖尿病、肥満です。これらは「死の四重奏」と呼ばれ、単独でも恐ろしい病気ですが、重複するとさらに危険度が増し、命に関わる病気となります。これらの病気のほとんどが自覚症状に乏しく、放置されることが多いため「サイレントキラー」とよばれています。

我が国の死因の第一位は悪性腫瘍ですが、第二位の心疾患と第四位の脳血管障害を合わせると悪性腫瘍とほぼ同じ頻度になります。したがって、我が国においては、悪性腫瘍の対策とともに、血管予防がきわめて重要な保健対策といえるでしょう。

生活習慣病になると、体でどのような変化が起こるのでしょうか。実はいろいろなことがおきています。例えば、血液「ドロドロ」、「ベトベト」があります。しかし、一番の問題は動脈硬化です。動脈硬化は、徐々に静かに進行するので、そのことに気付かなかったり、気付いても症状が軽いため「自分はまだ大丈夫」と治療せずに放置していることが多いと思います。ある日突然、心筋梗塞や脳梗塞などがおこり、自立した生活ができなくなるなど、取り返しがつかないことになりかねません。

厚生労働省が発表した、わかりやすい生活習慣病の末路までを描いた図解を左に示します。

生活習慣病の末路

レベル１
●不適切な食生活
（エネルギー・食塩・脂肪の過剰等）
●身体活動・運動不足
●喫煙
●過度の飲酒
●過度のストレス

レベル２
●肥　満　●高血圧
●高血圧　●高脂血

レベル３
●肥満症（特に内臓脂肪型肥満）
●糖尿病
●高血圧症
●高脂血症

レベル４
●虚血性心疾患（心筋梗塞・狭心症等）
●脳卒中（脳出血・脳梗塞等）
●糖尿病の合併症（失明・人口透析等）

レベル５
●半身の麻痺
●日常生活における支障
●認知症

健康な生活習慣が維持されるといいのですが、不健康な生活習慣のレベル1から生活機能の低下、要介護状態のレベル5までに分類されています。自分が今どの位置にいるかを十分に理解し、健康な生活習慣に戻さなければ、寿命は延びても「不健康寿命」が延びるだけで、他人の支援を受けなければ生きていけなくなってしまいます。

自覚症状がないからといって、
健康とはかぎらない。
自分の体のメンテナンスを
しっかりやろう！

41 生活習慣病は包括的な管理が大切です

日本の平均寿命が最も長いのは、健康に対する医療施策がうまくいっているからでしょう。しかし、残念ながら日本では、元気で自立して生活している期間である「健康寿命」との差をみると、「不健康な期間」が長く、その対策を講じる必要があります。

「不健康な期間」は、本人も不本意であるばかりでなく、家族などその周囲の人たちの生活にも大きく影響します。

さらに、医療・介護の費用が増大することからも、健康寿命の延長を目指すことの重要性は明らかです。この「不健康な期間」で最も深刻なものが、介護を要する疾患です。その第1位が、脳梗塞や心筋梗塞など脳・心血管疾患です。介護を要する人の実に4人に1人がこれらの疾患です。

生活習慣病患者の絶対数を、厚生労働省が3年ごとに実施している「患者調査」の平成26年度調査によると、継続的に治療を受けていると推測される患者数は高血圧が1010万人、脂質異常症は206万人、糖尿病316万人、喫煙者は2000万人を超すといわれています。この結果から、高血圧と脂質異常症の合併が多いことが考えられ、生活習慣病を包括的に診断・治療を行っていくことが重要であるといえます。実に高血圧患者のなかで高コレステロール血症を合併する例は、約45%ときわめて多いというデータがあります。

高血圧と高脂血症の併用治療の有効性

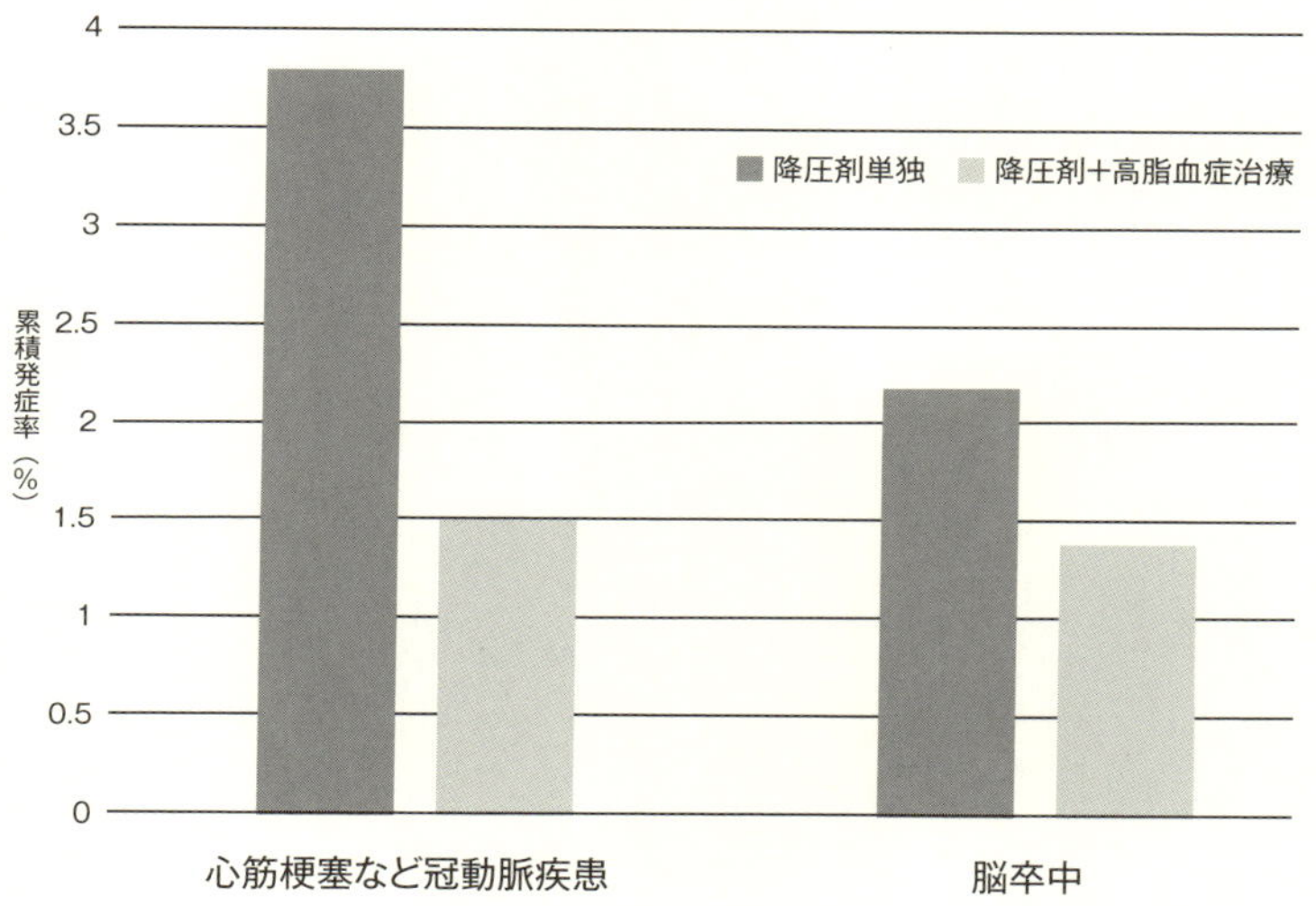

高血圧を正常血圧にすることの意義は、広く認識されています。しかし、血圧だけをコントロールすることにより、脳血管障害では発症リスク軽減率は約40％と高いですが、心血管疾患では約20％にとどまっており、必ずしも十分とはいえません。

また、高コレステロール血症に対しては、コレステロールを減少させるスタチン系の薬を使用しても、発症するリスク軽減は30％にとどまっています。ただし、高血圧治療と同時に高コレステロール血症の治療をおこなうと、脳梗塞や心筋梗塞の発症抑制が非常に高まり、併用して治療する意義が注目されています。

糖尿病でも、厳格に治療をおこなった群と通常治療群にわけると、４年後の糖尿病関連の細小血管症に対する効果、さらに８年後の脳・心血管病に関わる大血管障害に対する効果をみると、厳格に治療することにより、血管病変の進展が抑制されます。

42 肥満こそが生活習慣の悪の根源だ

高血圧、糖尿病、脂質異常症など生活習慣病は、単独でも動脈硬化を進め、脳卒中や心筋梗塞などの発症を、健常人と比べ2～3倍増加させるといわれています。また、生活習慣病は併発しやすく、その際には脳卒中や心筋梗塞の危険性を数倍に増加させます。

生活習慣病になる根本的な問題は「肥満」です。肥満は、概ね標準体重より20％以上体重が増加したときに判定します。２００５年には、「メタボリック症候群」なる概念ができて、その診断基準が示されました。

高血圧や脂質異常についてては、明らかに異常な値であれば、治療が積極的におこなわれてきました。

しかし、軽度の異常では医療者側も安易に考えて、放置されてきた現状があります。

肥満がベースにあるときには、生活習慣病が軽度の異常においても、十分な管理が必要であることを心に留めておく必要があります。

メタボリック症候群では、内臓肥満があることが必須項目とされ、厳密な測定では臍の高さで腹部CTを撮り、内臓脂肪面積が１００平方センチメートル以上であれば内臓肥満があると診断します。日常診察の場では、腹囲が男性では85センチメートル以上、女性では90センチメートル以上を「内臓肥満あり」と判定します。しかし、腹囲の基準値は科学的根拠が不十分で、今後さらに検討されるものと思わ

メタボリック症候群の診断基準

ウエスト
男性　≧　85cm
女性　≧　90cm
（内臓脂肪面積　≧　100cm²に相当）

＋

上記＋以下2項目以上が
メタボリック症候群

高中性脂肪血症　≧　150mg/dL
and/or
低HDLコレステロール血症＜40mg/dL

収縮期血圧　≧　130mmHg
and/or
拡張期血圧　≧　85 mmHg

空腹時高血糖　≧　110mg/dL

れます。さらに、高血圧、空腹時高血糖、脂質異常のうち２つ以上を認めるとメタボリック症候群と診断されます。

これらの異常がそれぞれは軽微であっても、複数に異常があると相乗効果となり、動脈硬化が急速に促進され、様々な合併症を引き起こすことになります。40～74歳の年代でみると、男性では約50％、女性では約20％においてメタボリック症候群の疑いあるいは予備軍であると考えられています。日本人全体では、約２０００万人近くになり、まさに「国民病」と考えてよいのではないでしょうか。

これを未然に防ぐために、２００８年から「特定健診・特定保健事業」が始まりました。市町村の国民健康保険や健保組合などで実施されています。この健診を受けて、メタボリック症候群を未然に防ぐことが大切です。肥満になっても何もいいことはありません。

43

動脈硬化の予防のためには生活習慣の改善が必要である

食生活習慣、運動習慣、休養の取り方、嗜好などは、高血圧の発症や進行に大きく関わっていることが明らかになっています。これからは、生活習慣病の改善と予防ができるかが大きな課題です。これまでの医療は、病気の早期発見・早期治療に重点が置かれていましたが、これからは健康増進や発病予防に力点が移ってきていることを意味します。

我が国では、21世紀における国民健康づくり運動「健康日本21」が行われています。対象として、9分野が示されていますが、生活習慣に関わるものは、栄養、運動、休養、タバコ、アルコールの5項目が挙げられています。これに加えて、歯の健康（虫歯や歯周病）、糖尿病、脳・心血管系の病気として心臓病や脳卒中および危険因子である脂質異常、高血圧、そして「がん」という4項目があげられています。

生活習慣における具体的な改善策としては、以下の項目があげられます。

①食塩を多く含む食品の摂取を控える
②過食を控え、標準体重を維持する
③肉の脂身、乳製品、卵黄の摂取を控え、魚類、大豆製品の摂取を増やす

昔は魚を食べることが主流でしたが、食文化の欧米化により肉食が主流となっています。魚を多く食べている人の方が、心筋梗塞の発症率が半分であるということからも食生活の改善が重要です。

健康日本21の目標設定

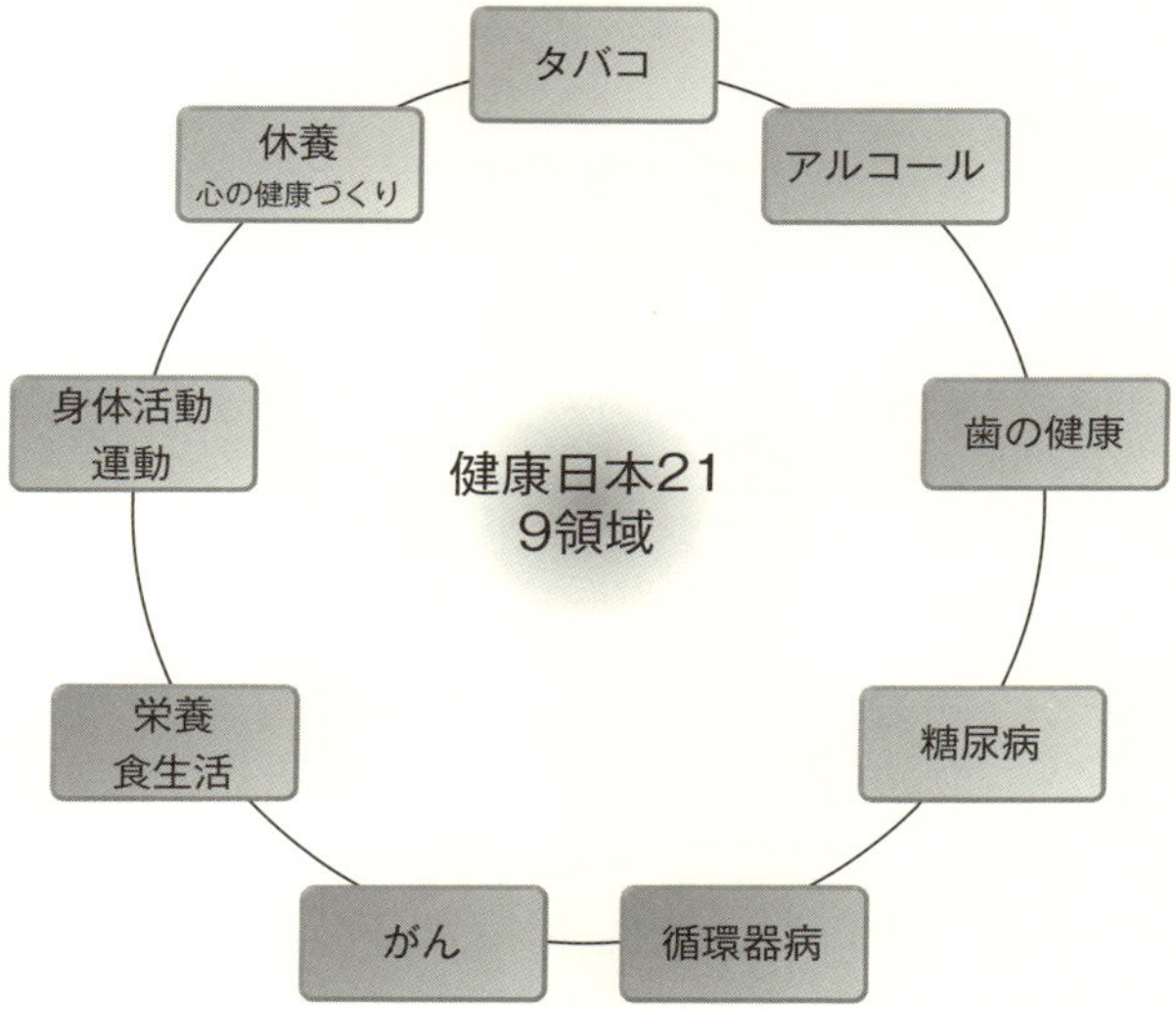

④野菜、果物、未精製穀類、海藻の摂取を増やす
⑤アルコールの過剰摂取を控える
⑥禁煙し、受動喫煙を回避する

よく、街中で「歩きたばこ」をしている人をみかけますが、自分に害があるだけでなく、周りの人にも迷惑をかけていることを自覚して、どうしても喫煙するときには、喫煙ルームなどで吸うように心がけてほしいものです。

⑦有酸素運動を毎日30分以上おこなう

歯の健康では、「８０２０」運動の実現と、歯の喪失防止のために原因となる虫歯・歯周病の予防が推進されています。

「８０２０」運動とは、１９８９年より進められている「80歳になっても20本以上自分の歯を保とう」というものです。糖尿病、循環器病、がんについては、一次予防の推進が推奨されています。

Column

現代社会は便利すぎて危険がいっぱい

最近は歩く機会がめっきり減少しています。近くに行くのもタクシーを利用、階段を使わないでエスカレーター、エレベーターを安易に使用しています。人間も「動物」です。動物とは、漢字をバラバラにすると「動く物」となり､体を使って生きているものなのです。仕事も、デスクワークが中心となり、ほとんど腰かけて仕事をしています。しかし、食生活は昔に比べて過食時代ではないでしょうか。したがって、カロリーは大量に摂取しているのに、動いたりすることでのカロリーの消費が極端に少なくなっています。その結果､肥満(内臓脂肪の増加)がおこります。血管は動くことで、筋肉とともに伸縮するため､運動をしている人の血管はしなやかです｡余ったカロリーは、脂肪などになり体に蓄積されたり、血管内にアテローム性の変化をきたし、動脈硬化がおこり、さらには脳梗塞、心筋梗塞になります。

適切に体を動かしたりすることで、これらの危険はある程度回避されますので､「運動不足のあなた！」運動をしましょう。

第6章

高血圧で怖い動脈硬化をどう予防するか

44 動脈硬化を抑える一酸化窒素とはいったいどういうものなのか？

高血圧を引き起こす原因には、いろいろなものがあることが理解できたと思います。自分の中でも当てはまるものが多くある人もいるのではないでしょうか。現代社会においては、そのなかでも生活習慣病をいかにコントロールするかということが大きな課題となっています。年齢を重ねると徐々に血管が硬くなり、動脈硬化がおきますが、必ずしも年によるものばかりではありません。その増悪因子として、生活習慣病が存在するのです。昔は車もなく、ほとんどが歩く生活でした。そして、生活するためには体を動かし、現代のように座ってする仕事はほとんどなく、また、食生活も慎ましやかなもので、「飽食」というものはありませんでした。特に、日本では食生活の欧米化にともなって、肉主体の食生活となり、生活の利便性が増したことから運動不足が顕著になってきています。

近年は、徐々に健康に対する意識が高くなってきていて、朝夕の散歩、スポーツセンターで汗を流す、分煙から禁煙への流れ、健康食品への意識向上などが進められています。

動脈硬化をいかにして抑えるかは、喫緊の課題ですが、生活習慣を改めることが、第一段階です。そのうえで何ができるのかということになります。最近、様々なものが動脈硬化を抑制するといわれてきています。ここでは、最近注目されている一酸化窒素、アディポネクチン、インスリン様成長因子1

一酸化窒素の働き

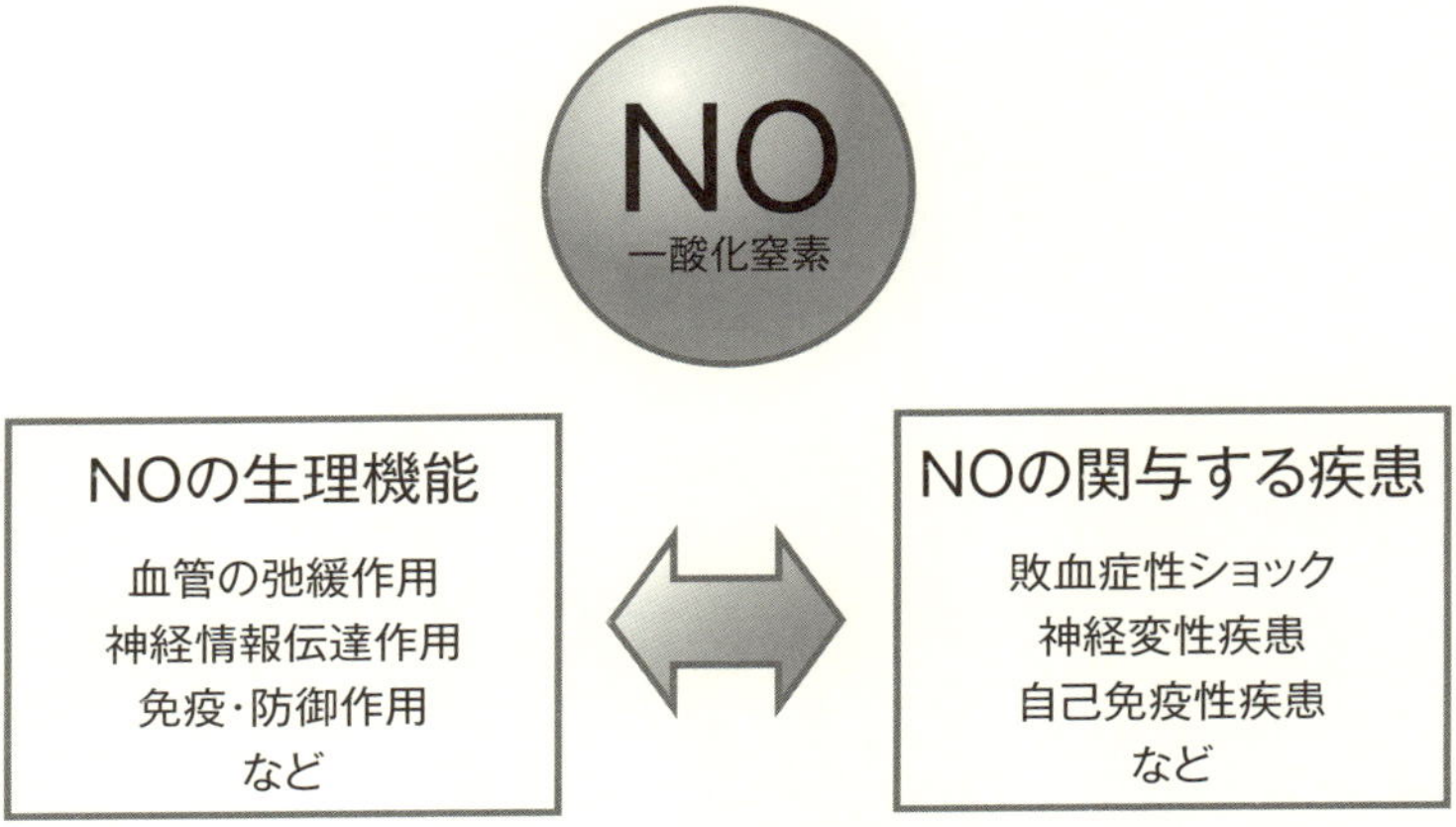

（ＩＧＦ－１）についてお話ししたいと思います。

まずは一酸化窒素からです。

一酸化窒素は、窒素と酸素からなる化合物で「ＮＯ」と化学式では表示され、酸化窒素ともよばれています。自然界では、雷や山火事などで発生しますが、ほとんどが人為的なもので、喫煙や排気ガス、焼却炉などによる大気汚染の有害物質として悪名が高いものです。体内では、主に血管の内側を覆っている内皮細胞から一酸化窒素は産生され、血管内皮の働きを調節しています。

また、脳や神経細胞、白血球でも産生されています。一酸化窒素は、生体内ではアミノ酸のひとつであるアルギニンが分解される過程において作られます。この物質は「諸刃の剣」といわれており、多すぎても少なすぎても、人体に悪影響を及ぼします。

一酸化窒素の生理作用として、血管の弛緩、血液凝固（血流が凝まる現象）、炎症、酸化という４つの働きがあります。免疫に関与しているマクロファージと呼ばれる細胞では、病原体を殺す目的で、一酸化窒素を産生します。しかし、敗血症など大量の病原体により体が侵されると、それに対処するため大量の一酸化窒素を産生し、その結果、血管が弛緩し、ショック状態に陥ることがあります。

血管内皮は、一酸化窒素を伝達物質として周囲の平滑筋を弛緩させ、動脈を拡張させることにより血流を増やします。臨床的にこの作用が利用されできたものが、狭心症などの心臓病で広く使用されているニトログリセリンです。また、この物質は、毛根への血流を増やすことも知られており、その作用を応用したものとして発毛剤である「リアップ®」があります。さらに、血流を増やすところから陰茎の勃起に働く「バイアグラ®」も、一酸化窒素の働きをうまく利用したものです。さらに、神経伝達にも働くことが知られており、記憶形成にも一役担っていると考えられ、すでに臨床応用もされており、使い方を間違わなければ優れものです。

一酸化窒素は、血管を弛緩させ拡張させることから、すべての血管のしなやかさを維持するのに役立つことがわかりました。血管が狭くなったりして血液が「ドロドロ」になると、血液中のアルギニンが一酸化窒素を生成し、血管を拡張させることで、血液が「サラサラ」になるのです。したがって、高血圧、脳・心疾患、メタボリック症候群の危険因子に効果を発揮するため、心臓や血管に関わる様々な病気の予防や改善が期待されています。

一酸化窒素が少ない時には、高血圧、高脂血症、動脈硬化、心臓病、勃起不全などがみられ、過剰になると神経細胞死にともなう脳の病気、例えば脳卒中、老年性痴呆、パーキンソン病などがみられます。まさに、「過ぎたるは及ばざるがごとし」という物質で、適量こそが命です。

Column

脳・心臓病の危険因子としての慢性腎臓病（CKD）

慢性腎臓病が、脳、心血管病の危険因子として注目されています。生活習慣病のひとつである糖尿病をきちんと治療しないと、慢性腎臓病になり、人工透析を受けなければならなくなります。２～３時間かけて行う人工透析は、週に3回受けなければならず、特に仕事についている人には、大変な負担になります。また、食事や水分摂取制限があり、お酒などはもってのほかです。このように辛い病気が慢性腎臓病です。

さらに、最近検査で注目されている腎臓の機能をみるクレアチニンから算出されるeGFRの低下が、脳・心血管疾患の発症率を上昇させることが明らかとなりました。具体的には、慢性腎臓病がない人に比べて2.5倍発症率が増加することがわかりました。

糖尿病は、腎臓の障害のほか、目の網膜にも異常をきたし、失明することもあります。さらに、神経障害も起こしますので、症状は乏しいですが大変恐ろしい病気なのです。

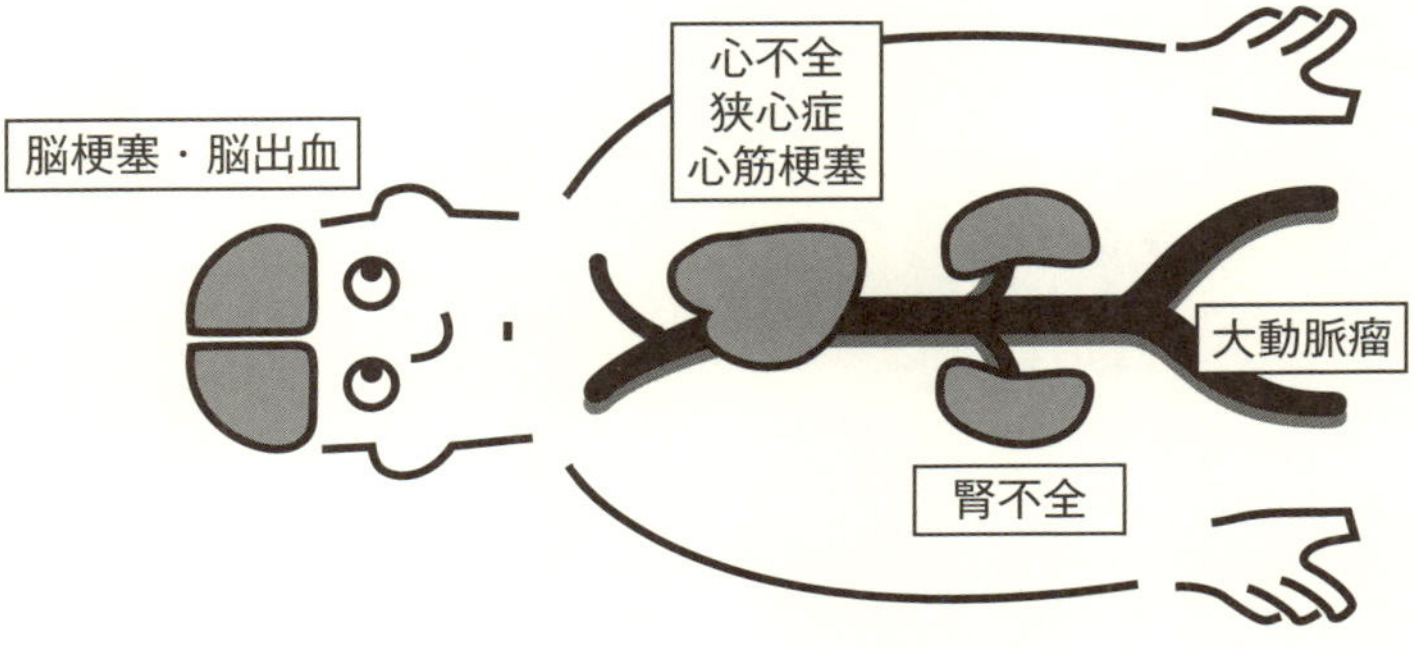

45 一酸化窒素はどうしたら増えるのでしょうか

一酸化窒素の働きは、大きく分けると2つあります。一つは、血管の筋肉を柔らかくして拡げ、血液の流れをスムーズにする作用。もうひとつは、血管内のコレステロールを下げるとともに、血栓の発生を抑制することです。

一酸化窒素を増やすためには、何をすればいいのでしょうか。それは、決して難しいことではありません。30歳を過ぎると、内皮細胞における一酸化窒素の産生は低下してきますので、正しい食事や運動を行うことで増やしていくことができるのです。

具体的には、食事の内容としては、アミノ酸が多く含まれ脂肪分が少ない赤身の肉、魚、大豆など、良質なたんぱく質を多くとるようにします。しかし、これらの食材を使用した料理だけでは、十分な量を確保することは困難です。脂分の多く含まれた肉では、飽和脂肪酸が多く存在します。この飽和脂肪酸は血管内皮細胞を傷つけ、一酸化窒素の産生を阻害するので、取り過ぎに気をつけなければなりません。

一酸化窒素を増やすためには、運動も大変有効です。有酸素運動を20分以上継続すると、血液中の一酸化窒素は増加します。生活習慣病においても有酸素運動の重要性は述べましたが、ぜひ実行してください。

外に出ることが難しい人に対して、自宅でも簡単にできるエクササイズを紹介します。職場などで

一酸化窒素を増やすためには

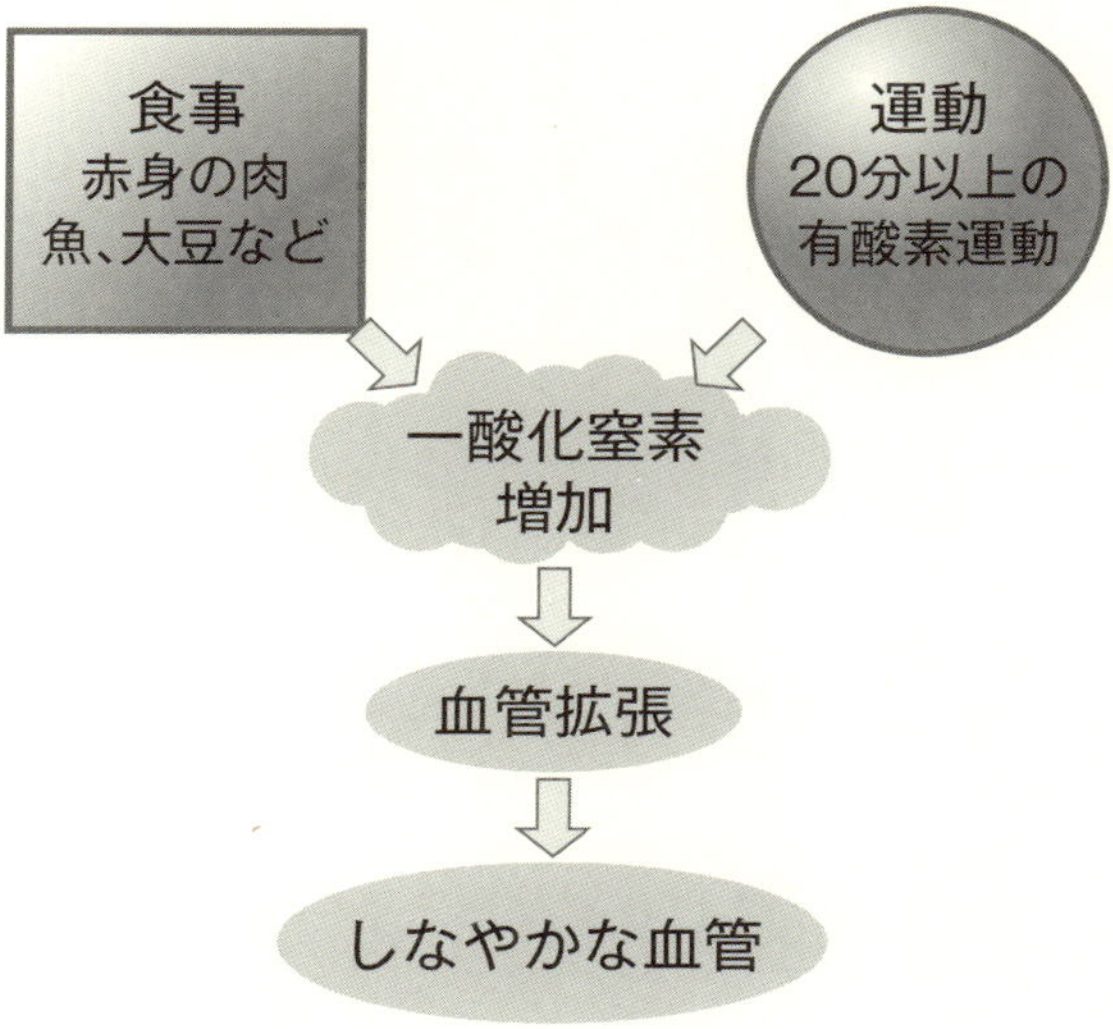

は、つま先立ちを行い、次いで戻してから、今度は踵を軸にしてつま先を上げます。これを2分間、朝夕2回おこなうことで、第二の心臓といわれているひらめ筋が伸縮し、血流が増えてきます。ひらめ筋は、下肢の筋肉のひとつで、足関節のあげ伸ばしを行ないます。このことにより一酸化窒素は増えます。

この運動は、お風呂の中でも可能です。風呂に入り、座った状態で足を伸ばし、つま先を伸ばしたり手前にあげたりすることで、ひらめ筋の部分が伸びたり縮むのがわかると思います。これだけで、一酸化窒素が血液中に増えてくるのです。また、膝が悪くて立てない人は、お布団で横になって20回程度つま先運動をするだけで効果がでてきます。

一酸化窒素を増やすためには、日々のちょっとした食事の管理、軽度の運動で十分であり、これからすぐにでも始めることをお勧めします。

46 アディポネクチンは生活習慣病を改善する大切なホルモンです

アディポネクチンは、１９９６年に日本で発見されたホルモンであり、生活習慣病である糖尿病、高脂血症、高血圧、動脈硬化、さらにはがんの予防・改善に効果が認められたことから注目されています。

このホルモンは、長寿の人々に多く存在していることが明らかとなり、長寿との関連性が考えられています。

このホルモンは、脂肪細胞から分泌されますが、脂肪細胞をただ増やすだけでは、アディポネクチンは増えません。アディポネクチンの分泌量は、脂肪細胞の大きさと関係があり、脂肪細胞が、小さい時には分泌量が多く、肥大化すると分泌量が減少します。

肥満になると、脂肪細胞は肥大しすぎるため分泌量が減少し、悪玉の生理活性物質が増えてきます。逆に、痩せすぎても分泌されません。体の脂肪のバランスが、アディポネクチンの分泌には重要ということになります。

このホルモンは、全身の血管のメインテナンスをすることが知られています。生活習慣病などで血管が傷ついたり、「ドロドロ」の血液で血管が細くなると、このホルモンが修復してくれます。

また、生活習慣病そのものを予防・改善してくれる優れものです。具体的には、糖分の取り込みを促進し、脂肪の燃焼を高め、血管を修復し、さらには

アディポネクチンの働き

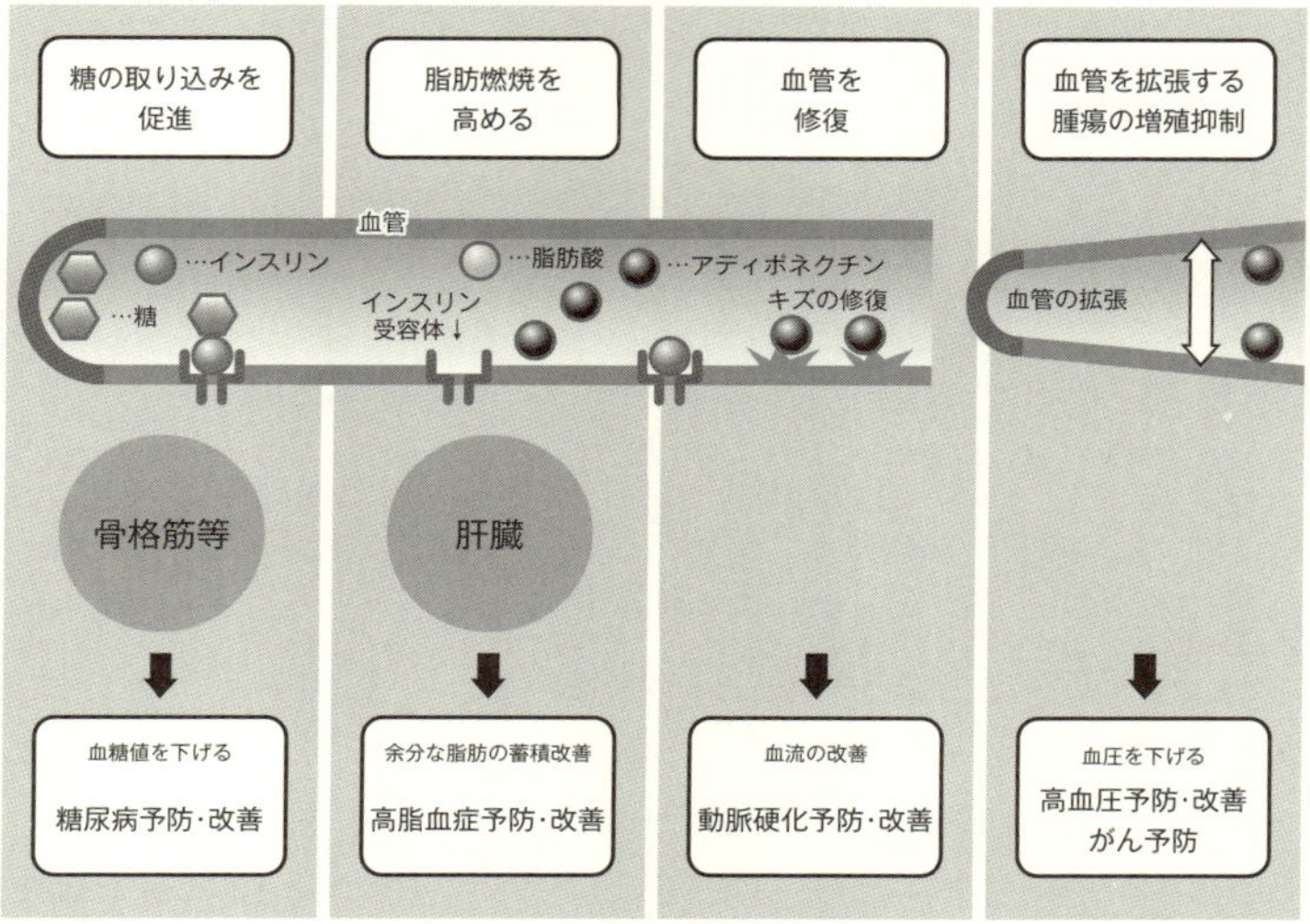

血管を拡張し、腫瘍の増殖を抑えるといわれています。

　このホルモンは血液検査で調べることができます。男性では、平均値が8・3マイクログラム／ミリリットル、女性では12・5マイクログラム／ミリリットルです。女性が男性よりも高値であることがわかっています。日本人では、残念ながら血中のアディポネクチンが低くなる遺伝子を持っていることがわかっており、いかに増加させるかは今後の課題です。

　アディポネクチンは、内臓脂肪を減らすこと、マグネシウムと植物繊維を多く含む海藻類をしっかり摂取する、ＥＰＡを多く含む青魚をとる、そして禁煙をすることにより増加しますので、食生活の改善と禁煙が現時点ではポイントとなるものです。

47 ＩＧＦ－１は夢のホルモン？

アンチエンジング（若返り）を、望まない人はいないのではないでしょうか。ＩＧＦ‐１（Insulin Growth Factor-1：インスリン様成長因子）というホルモンのアンチエイジングへの応用が注目されています。

これは、インスリンとアミノ酸配列が類似したもので、主に肝臓で産生されます。筋肉、骨、肝臓、腎臓、神経、皮膚、肺などほとんどの細胞が、このＩＧＦ‐１の影響を受けています。

ＩＧＦ‐１は、筋肉若返りホルモンともいわれています。成長ホルモンが、細胞の働きを活発にして代謝を高め、筋肉を増強したり、育毛効果があることからアンチエイジングとして有効であることが知られており、成長ホルモンが働くために必要なＩＧＦ‐１も、アンチエイジングに関わるのではないかと考えられています。

ＩＧＦ‐１の知られている作用としては、生殖機能の改善、生活習慣病の予防・改善、認知症の改善などがあげられます。アンチエイジングを目的として、ＩＧＦ‐１含有のサプリメントが市販されており、時には注射による投与も行われています。

しかし、ＩＧＦ‐１は、優れた働きばかりではないようです。細胞の成長因子であることから、細胞の増殖を促し、がんの発生の可能性があるからです。乳がん、大腸がん、子宮がん、前立腺がんなどでは、ＩＧＦ‐１の濃度が高いほど発症リスクが高

IGF-1の働き

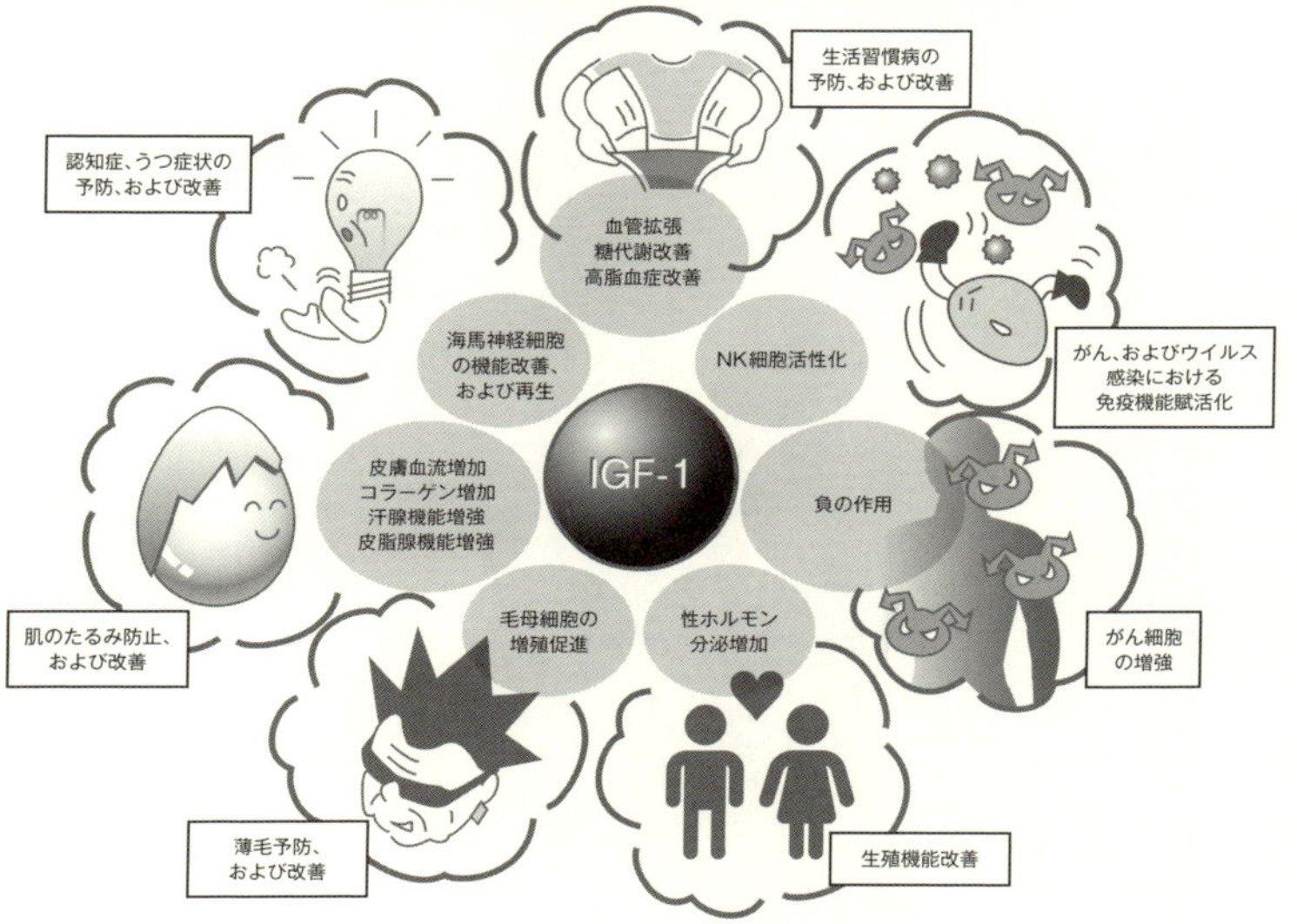

くなるといわれています。

また、ＩＧＦ‐１を多く含む食物としては、動物性食品、とりわけ乳製品に多くあることが知られています。したがって、乳製品を多く摂取する人は、アンチエイジングという面だけを捉えると好ましいのですが、発がん性という観点からは注意が必要です。

乳製品に偏った食事をするときには、ＩＧＦ‐１の働きを抑制するエストロゲンを多く含んだ大豆食品を摂取することもいいかもしれません。

48 老いは血管からおこります

実際の年齢よりも、血管年齢が高い人が増えています。血管年齢とは、血管の硬さ、すなわち動脈硬化の進展が年齢に適しているかをみています。血管年齢が高いということは、年齢以上に血管が老化して硬くなったり、血管の内腔が細くなっていることを意味します。これには、食生活の変化や運動不足が大きく関わっています。

最近、疲れやすくなったり、肩こりがひどくなるといった漠然とした症状で悩まれている人のなかには、血管年齢が高くなっているからという人も含まれています。動脈硬化が進行した時の初期症状としては、疲れやすい、肩こりがひどい、腰痛になった、目が疲れやすい、冷えを感じやすい、息切れしやすくなったなどがあり、血管年齢に結び付けられるものは少なくありません。

しかし、これを年だからと諦めるのではなく、敏感に察知していく必要があります。動脈硬化の恐ろしいところは、自覚症状がないまま進行し、気がついたときには手遅れになり、脳梗塞、心筋梗塞になることにあります。体調のちょっとした変化にも対応し、適切な健康管理に努めることがきわめて重要です。

そのため、血管年齢を把握しておくことは、大切なことなのです。一般的に、血管年齢を測定する方法としては、加速度脈波計と脈波速度検査があり、前者は末梢の血管年齢を調べるのに対し、後者は大

血管年齢若返り法

動脈から足首までの動脈の血管年齢が判定できます。これらは医療機器が必要なため、自宅などでは簡単には測定できません。

自宅でもできる簡便な方法として、平均血圧と脈圧で調べる算出法があります（7項を参照）。

平均血圧が90mmHg以上、脈圧60mmHg以上なら要注意です。平均血圧は、末梢の血管における動脈硬化の進行が予測でき、脈圧は大動脈の動脈硬化の進行の度合いがわかります。しかし、これらの結果は、あくまでも目安であり、血管年齢について不安な時には、病院で頸動脈エコーなどで血管内の状態を知ることが大切です。

血管年齢の若返りには、繰り返しになりますが、①禁煙に努める、②ストレスをためない、③夜は12時前に就寝し8時間以上睡眠をとる、④毎日30分の有酸素運動、⑤食事は腹8分目といった事項を守ることが必要です。

49 生活習慣以外に血管年齢を若返らせる手立てはあるのか

血管年齢が老化し、将来に不安を感じる人もいると思いますが、血管年齢は改善することができます。

まず第一にあげられることは、生活習慣の改善にほかなりません。食生活の改善、適度な運動、ストレスを避けるなど、その解消に努力することです。血液が「サラサラ」になるだけでも、血管の年齢は若返るのです。

また、禁煙など生活スタイルを少し工夫するだけで、いつまでも若々しく、他人に迷惑をかけないで自立できる生活を送れるようになります。

血管の老化は、活性酸素などにより血管が「錆びる」ことから起こります。この活性酸素の働きを抑えるビタミンC、ビタミンE、βカロテンなどを補うことも大切です。また、血管は「縦に伸ばすと柔らかく」なるという性格を有しています。ラジオ体操を行うだけでも、筋肉とともに血管も伸縮します。このような運動により、血管の状態は改善するといわれています。

これまでは動脈硬化がおこると、血管は元の状態にもどらないと考えられてきました。しかし、アディポネクチンという、血管年齢を若返らせ、長生きさせる善玉ホルモンがみつかりました。血管が傷ついた部位をみつけると、素早く修復させる作用があり、動脈硬化を防ぎます。このホルモンを多く分泌させる食品として、すでにお話ししたように、青

血管の老化防止策

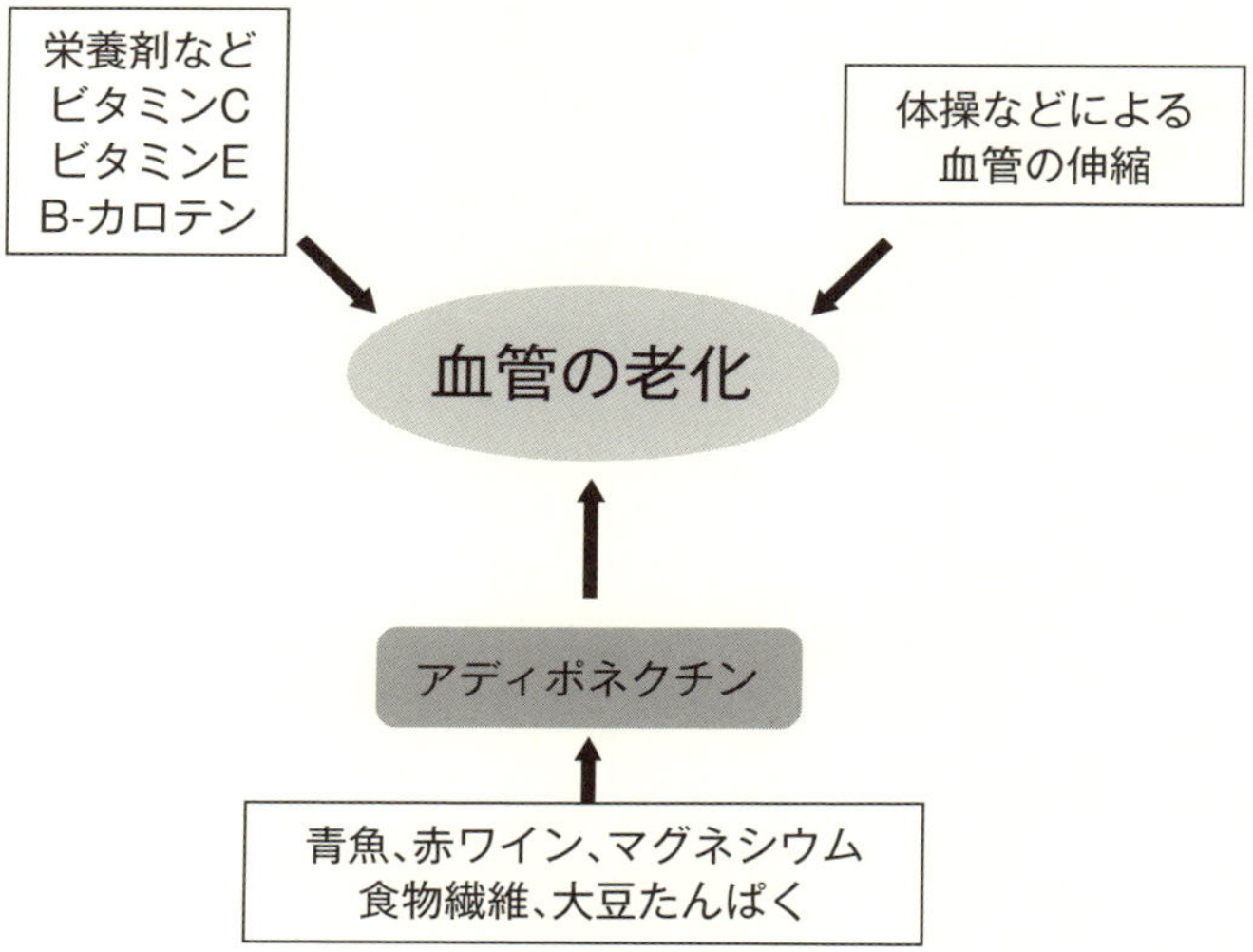

魚、赤ワインやビール酵母、マグネシウム、食物繊維、大豆たんぱくなどがあります。

これからは、超高齢社会が進んでいきますが、自己管理をきちんと行い健康寿命を延ばしていくことが、重要な課題となります。

おわりに

血圧は、人間が生命を保つためにはなくてはならないものです。血圧を維持するために、心臓、血管、ホルモンなど様々なものがそれぞれの役割を担っています。血圧の役割は、必要な酸素、栄養素を全身に運び、二酸化炭素や老廃物を回収するため、血液を体のすみずみまで送り届けることです。このように血圧は生命維持のための「縁の下の力持ち」として機能しています。しかし、現代社会においては生活習慣病を中心とした、血圧に対しては負の力が働いており、動脈硬化が急速に促進され、最終的には高血圧になり、脳卒中や心筋梗塞を合併し、「健康寿命」を短くしている現状があります。

高齢社会に突入した現代社会のなかで健康寿命を延ばすために、血圧の概念を理解し、高血圧とその後ろに存在する生活習慣病の恐ろしさを考え、日常どのようなことに注意していけば、誰にも迷惑をかけない自立した生活ができるのか、本書が役立つことを期待しています。

【参考資料】

1. 上竹 勇三郎、下澤 達雄：高血圧診断基準 JSH2014および海外のガイドラインから．診断と治療 104:264-268, 2016.
2. 摩文仁 隆子、村谷 博美、柊山 幸志郎：高血圧の定義・分類と血圧の測定．からだの科学 211:31-38, 2000.
3. 寺本 民生：成人病と生活習慣病（特集 生活習慣病の予防と治療）．日本医師会雑誌 145:1381-1385, 2016.
4. 大杉 満、植木 浩二朗：生活習慣病の予防（特集 生活習慣病の予防と治療）．日本医師会雑誌 145: 1386-1388, 2016.
5. 羽田 勝計：糖尿病診療ガイドライン2016：改定版のポイント（特集 生活習慣病の予防と治療）．日本医師会雑誌 145:1389-1392, 2016.
6. 石橋 俊：脂質異常の管理目標値と薬物療法（特集 生活習慣病の予防と治療）．日本医師会雑誌 145: 1400-1404, 2016.
7. 北原 綾、徳山 宏丈、横手 幸太郎：肥満の治療（特集 生活習慣病の予防と治療）．日本医師会雑誌 145:1405-1409, 2016.
8. 片山 茂裕：合併症を伴う高血圧の治療（特集 生活習慣病の予防と治療）．日本医師会雑誌 145: 1393-1397, 2016.
9. 北川 泰久：脳卒中治療ガイドライン2015.（特集 生活習慣病の予防と治療）．日本医師会雑誌 145: 1415-1419,

2016.
10. 永田　勝太郎：本当は怖い「低血圧」　あなたの「うつ」、実は「低血圧」かも？．秀和システム、2016.
11. NHK科学・環境番組部：NHKためしてガッテン「血管力」で若返る！高血圧、動脈硬化を予防！脳卒中、心臓病を防ぐ！、主婦と生活社、2016.
12. 毛利　博：トコトン優しい血液の本．日刊工業新聞社、2006.
13. 島田　和幸：専門医が教える高血圧でも長生きする本．幻冬舎、2016.
14. 桑原　厳：血圧が気になる人が読む本、小学館、2006.
15. Bartke A et al.: Insulin-like growth factor 1(IGF-1) and aging: Controversies and new insights. Biogerontology 4: 1-8, 2003.
16. Millar-Craig MW, Bishop CN, Raftery EB: Circadian variation of blood pressure. Lancet 1: 795-797, 1978.
17. Chonan K et al.: Insufficient duration of action of antihypertensive drugs mediates high blood pressure in the morning in hypertensive population: the Ohasama study. Clin Exp Hypertens 24: 261-275, 2002.
18. 日本高血圧学会学術委員会家庭血圧部会編：家庭血圧測定の指針、2011.
19. 平田　結喜緒：内分泌性高血圧の分類．日本内科学会誌 95: 616-621, 2006.
20. 松本　光正：高血圧はほっとくのが一番、講談社＋α新書、2014.
21. 山下　静也：リポタンパク代謝と動脈硬化：動脈硬化惹起性リポタンパクの最新知見．最新医学 69: 1633-1643, 2014.

22. 日野原　重明：人生改造　生活習慣病を防ぐ本、幻冬舎、2016.
23. 今田　勝美：生活習慣病を予防する・アディポネクチン　ヘルス・凪文書、2005.
24. 奈良岡　紘子：間違いだらけの血圧値　血圧をセルフ・チェックして高血圧にサヨウナラ、日本ヴォーグ社、1997.
25. Sacks FM et al.: Effects on blood pressure of reduced dietary sodium and the dietary approaches to stop hypertension (DASH) diet. DASH-sodium collaborative research group. N Engl J Med 344: 3-10, 2001.
26. 国立循環器病研究センター：国循のなぜこれが生活習慣病にいいのか？　アスコム、2016.
27. 日本高血圧学会高血圧治療ガイドライン作成委員会編：高血圧治療ガイドライン2014.　日本高血圧学会、2014.
28. 島田　和幸：内皮細胞が活性化する食習慣で一生切れない、詰まらない「強い血管」をつくる本、Kindle社、2011.
29. 村山　正博ら：有酸素運動の健康科学、朝倉書店、1991.
30. 藤枝市立総合病院編著：知って得する治療のお話、バリューメディカル、2014.
31. 松本　光正：血圧心配症ですよ！まだ「薬」で血圧を下げているあなたへ、本の泉社、2008.
32. 津下一代：肥満症とメタボリックシンドローム－病態から治療・管理まで　生活習慣介入のエビデンスと実際．日本内科学会誌 105: 1654-1661, 2016.
33. 上竹勇三郎、下澤達雄：血管内皮障害・血管リモデリング（動脈硬化）・酸化ストレス‐高血圧発症との関連（AYUMI高血圧の発症機序にせまる、医学のあゆみ 233: 201-204, 2010.

34. Criqui MH, et al.: Dietary alcohol, calcium, and potassium. Independent and combined effects on blood pressure. Circulation 80: 609-604, 1989.

35. Boffetta P, Garfinkel L: Alcohol drinking and mortality among men enrolled in an American Cancer Society prospective study. Epidemiology 1: 342-348, 1990.

36. 半田俊之介：血圧が高い人がまず最初に読む本、主婦と生活社、2014.

37. 厚生労働統計協会：図説　国民衛生の動向　特集　健康日本21（第2次）、厚生労働統計協会、2012.

●著者略歴

毛利　博（もうり　ひろし）

昭和 24 年 10 月 11 日生　(67 歳)
昭和 50 年　横浜市立大学医学部卒業
昭和 50 年 - 昭和 52 年　聖路加国際病院 内科研修医
昭和 62 年 - 平成元年　米国サンディエゴ市　スクリップス研究所　Research Associate
平成元年 - 平成 12 年　横浜市立大学医学部第一内科学講座講師
平成 12 年 - 平成 15 年　慶応義塾大学伊勢医学部伊勢慶応病院内科助教授
平成 16 年 - 平成 19 年　藤枝市立総合病院副院長
平成 17 年 - 平成 28 年　北里大学医学部客員教授
平成 20 年 - 平成 28 年　藤枝市立総合病院病院長
平成 24 年 -
藤枝市病院事業管理者
平成 28 年 -
藤枝市立総合病院名誉院長

現在に至る

所属学会
日本血液学会功労会員
日本血栓止血学会功労会員

役職
日本検査血液学会静岡県支部長（平成 21 年〜平成 26 年）
静岡県病院協会副会長（平成 24 年〜）
日本病院協会静岡県支部長（平成 26 年 4 月〜）
ふじのくに地域医療支援センター理事（平成 26 年 4 月〜平成 30 年 3 月）
静岡県医師会理事（平成 26 年 5 月〜）
静岡県医療対策協議会委員 (平成 22 年〜)
静岡県救急災害対策協議会委員（平成 28 年〜）

著書
トコトンやさしい血液の本
あなたの心筋梗塞・脳梗塞の危険度と予防策
病院長が教える賢く病院と付き合う方法
など

【執筆協力】
田中　匡（たなか　まさる）
北海道出身。専修大学法学部卒業後、大手総合出版社の編集者。現在は、化学、理学系分野のサイエンスライターとして活躍中。

NDC 491

おもしろサイエンス**血圧の科学**

2017年2月24日　初版1刷発行　　定価はカバーに表示してあります。

ⓒ著　者　毛利　博
発行者　井水　治博
発行所　日刊工業新聞社　〒103-8548 東京都中央区日本橋小網町14番1号
書籍編集部　電話 03-5644-7490
販売・管理部　電話 03-5644-7410　FAX 03-5644-7400
URL　http://pub.nikkan.co.jp/
e-mail　info@media.nikkan.co.jp

印刷・製本　ティーケー出版印刷

2017 Printed in Japan　落丁・乱丁本はお取り替えいたします。
ISBN　978-4-526-07671-8